W0083467

Ursula von Arx · Ein gutes Leben

Ursula von Arx

Ein gutes Leben

20 BEGEGNUNGEN MIT DEM GLÜCK

KEIN & ABER

1. Auflage September 2010
2. Auflage Dezember 2010

Alle Rechte vorbehalten
Copyright © 2010 by Kein & Aber AG Zürich
Coverbild: Leif Trenkler, © 2010, ProLitteris, Zürich
Covergestaltung: Nicholas Ditzler
Satz: Fotosatz Amann, Aichstetten
Druck und Bindung: GGP Media GmbH, Pößneck
ISBN 978-3-0369-5563-6

www.keinundaber.ch

Für meine Mutter

*»Schreibe nicht über den Menschen,
schreibe über ›einen‹ Menschen.« (E. B. White)*

INHALT

Ich fing an, über Glück nachzudenken, als mir gekündigt wurde und ich entsprechend unglücklich war. Eine Erschütterung zwingt einen dazu, sein Leben neu zu ordnen, das Wichtige vom Unwichtigen zu trennen und ein bisschen aufzuräumen. Ein Prozess, der seine Zeit braucht.

Ich tat alles Mögliche. Ich nahm die hässlichste Stoffpuppe meiner Kinder, zerstach sie mit der Schere und warf sie in den stinkenden Müll; so rächte ich mich an meinem ehemaligen Chef. Ich heulte. Pflegte mein Selbstmitleid. Kochte vor Wut. Ich verfertigte lange Listen mit Punkten, warum ich trotz meines Unglücks ein eigentliches Glückskind sei. Und zum ersten Mal in meinem Leben beachtete ich in der Buchhandlung die Abteilung Lebenshilfe/Ratgeber. Wie viel Literatur es da für mich gab!

Ich stellte fest, dass über das Glück nicht mehr nur nachgedacht wird, wie Philosophen das tun, seit es sie gibt. Das Glück wird heute vermessen. Mit den Methoden der Wissenschaft, sei es der Gehirnforschung, der Psychologie oder der Ökonomie, wird es erforscht und erklärt. Ich lernte, wie das Glück mit dem Geld zusammenhängt, was Glück und Sport miteinander zu tun haben, ob die Ehe glücklich macht und ab dem wievielten Kind das Unglück beginnt (mehr dazu ab Seite 208).

Ich fand hilfreiche Tipps und gut gemeinte Drohungen, etwa die, dass Unglück Unglück schaffe und dass es deshalb ratsam sei, glücklich zu sein, weil am Glück viel mehr hänge als nur das Glück, nämlich das gute Leben überhaupt. Das klang in meinen Ohren ziemlich totalitär. Gefallen haben mir deshalb auch die Glückskritiker, die gegen die um sich greifende »Glückshysterie« (Wilhelm Schmid) anschrieben (mehr dazu ab Seite 214).

Am meisten aber halfen mir Gespräche. Ich habe meine Kündigung hundertfach erzählt. Ich brachte sie damit in eine Form, ich stellte sie vor mich hin, machte eine Geschichte aus ihr. Und meine vielleicht etwas forcierte Ehrlichkeit hatte zur Folge, dass man auch mir Hunderte von Geschichten erzählte. Rezepte konnte mir keiner geben. Aber allein die Haltung, in der jemand berichtete – selbstironisch, abgeklärt, finster oder locker, mit Bitterkeit, Humor oder Galgenhumor –, zeigte mir Möglichkeiten auf. Und ich wusste jetzt, ich bin nicht allein. Ich konnte mein Unglück einbetten in die Erlebnisse anderer.

Diese Erfahrung führte zu diesem Buch. Die Menschen, die hier zu Wort kommen, sind zwischen 15 und 93 Jahre alt. Die einen haben das Leben vor, die anderen fast hinter sich.

Manche kennen Krieg und Hunger, andere Hunger nur als Lebensgefühl. Dass Glück ohne Disziplin nicht zu haben ist, geht wie ein roter Faden durch die Porträts. Doch auch hier findet sich – zum Glück – eine Ausnahme: Die pure Freude an sich selbst kann ebenfalls ein effektiver Weg sein.

Ich habe mit zwanzig berühmten und weniger berühmten Menschen über ihr Glück geredet, aber schnell landeten die Gespräche auch immer beim Unglück: worin es besteht, wie man es aushält oder daraus herausfindet. Das Unglück ergebe eben mehr Geschichten als das Glück, sagte einer meiner Interviewpartner, und damit hat er offensichtlich recht.

Ein anderer meinte, wir leben, um Geschichten zu erzählen. Ihn kennt man in der Öffentlichkeit; er hat seine Existenz in Anekdoten verpackt, in jedem Interview, das er gibt, entwirft er sich neu. Weniger Berühmte tun das kaum.

Aber es scheint allen gutzutun. Denn manche Geschichten in diesem Buch sind traurig, doch auch deren Helden freuten sich, als ich ihnen meine Nacherzählung ihres Lebens vorlegte. Vielleicht weil sie merkten, dass es Höhen und Tiefen hat, ein Thema, eine Gestalt und in den meisten Fällen Stoff für ein Drama. Form, also Schönheit, kann Unglück aufheben. Mindestens sagte das eine dritte Interviewte: dass sie all die großen Gefühle in der Kunst erlebe, so trostreich wie erhaben, und sich deshalb im Leben mit Zufriedenheit zufriedengebe.

Die Geschichten in diesem Buch zeigen, dass ein gutes Leben nichts für Feiglinge ist, sondern ein Kampf, der mutig oder unter Protest, widersprüchlich, locker, selbstzerstörerisch oder zuweilen äußerst pragmatisch geführt wird. Und dass das einzig sichere Rezept für Glück ist – das Glück und Unglück mit anderen zu teilen.

»Man muss das Leben
ertragen lernen«

MARGARETE MITSCHERLICH, 93,
PSYCHOANALYTIKERIN

Margarete Mitscherlich setzt ihre Brille auf und mustert
mich mit ihren blassblauen Augen. Es ist ein Blick echter
Neugier. »Worüber wollen wir denn reden?«, fragt sie.
Über Glück, sage ich. Da muss sie laut und lang lachen. Sie
lacht sehr jung. Dabei fehlen nicht einmal sieben Jahre,
und Margarete Mitscherlich kann ein ganzes Jahrhundert
überblicken.

Sie streicht sich den Schlaf aus Augen und Haaren. Denn
um die Mitte des Tages wird sie jeweils von einem dringen-
den Ruhebedürfnis heimgesucht, sie muss sich hinlegen.
Unser Rendezvous hat sie vergessen, und ich habe sie geweckt. Eine Situation, die sie mit Improvisation bewältigt.
»Oh, ich habe ja wirklich allmählich, – wie heißt diese
Krankheit schon wieder?«

Wenn sie sich jetzt vorsichtig und mithilfe ihres Rollators Richtung Küche bewegt, dann sieht man eine Dame, die sich auf die Gebrechlichkeit des Alters eingelassen hat. Wenn sie aber mit zwei Wassergläsern zurückkommt und diese so schwungvoll auf den Tisch schleudert, dass sie fast wieder runterfallen, liegt in dieser Geste auch wilder Übermut.

Die Zumutungen des Alters kann sie längst nicht mehr ignorieren:»Also, lustig ist es nicht. Ich sehe eigentlich keine Vorteile.« Eine Operation am Hals, eine kaputte Achillessehne, ein Jahr lang musste sie liegen, mehrere kleine Unfälle, das Gehör lässt nach, die Müdigkeit nimmt zu, die Geschicklichkeit ab, der Körper schrumpft,»um mehr als acht Zentimeter!«, sagt Margarete Mitscherlich. Sie macht sich nichts vor:»Man wird nicht schöner mit dem Alter, nicht schneller, nicht einmal wirklich schlauer«, sagt sie,»nur schwächer.« Sie lacht dazu. Älter zu werden bezeichnet sie als»eine tödliche Krankheit«. Manchmal fühle sie sich ein bisschen besser, manchmal ein bisschen schlechter, das ändere nichts daran, dass sie mit jedem Tag mehr verfalle.

Mindestens so schwer wie unter den körperlichen Beschwerden selbst leidet Margarete Mitscherlich an deren Nebenwirkungen. Das nachlassende Gehör macht Gespräche schwierig. Die schwachen Beine haben ihren Radius klein gemacht. Nicht einmal mehr in ihr geliebtes Haus im Tessin mit Seeblick kann sie gehen, zu steil liegt es im Hang. Sie reiste immer sehr gern,»weltsüchtig« nannte eine Freundin sie. Jetzt ist ihre Welt so klein, wie ihre Wohnung im Frankfurter Westend groß ist. In hellen Räumen und umgeben von Büchern und Möbelklassikern der 50er-Jahre verbringt sie ihre Tage und Nächte.

Dabei war sie ein wildes, hüpfendes Kind, das im dänisch-deutschen Grenzland die Wälder unsicher machte. Und auch später, darauf legt sie Wert, war sie immer ein ganzer Mensch, also auch ein schwimmender und rennender. Da haben ihr die fortgeschrittenen Jahre enorme Bescheidenheit auferlegt. Heute verlangt sie von sich, sich nicht gehen zu lassen. Die Haare in Ordnung zu halten, jeden Morgen zu turnen, Gesicht und Körper zu pflegen, darin sieht sie Zeichen der Selbstachtung. Früher liebte sie gutes Essen und Trinken und musste auf ihr Gewicht achten, heute ist ihr Appetit klein. Sie hatte immer Spaß an schönen Kleidern, wenn sie sich jetzt anzieht, empfindet sie das als harte Arbeit. Sie kauft immer noch teure Cremes, auch wenn sie weiß, dass sie damit jene Momente nicht verhindern kann, in denen sie ihr Spiegelbild betrachtet und sich hinter all den Falten suchen muss.

Empörung scheint ihr allerdings sinnlos, der Unbill des Alters gegenüber hält sie »Resignation für vernünftig«. Dass Mitscherlich, obwohl sie den körperlichen Jammer akzeptiert, keineswegs kleinmütig wirkt, hat wohl mit ebendieser prosaischen Haltung zu tun. Margarete Mitscherlich ist eine sachliche Frau, offen für das, was sie sieht. Sie setzt ihre Wachheit darauf an, jeden Brocken unverdauter Erfahrung abzutragen. Sie setzt auf die befreiende Macht der Wahrheit. Das gibt ihr etwas Unerschütterliches.

»Wissen Sie«, sagt Margarete Mitscherlich jetzt etwas unvermittelt, »das mit dem Glück, das ist natürlich so eine Sache. Im Moment zum Beispiel bin ich nicht glücklich, weil ich nämlich den Eindruck habe, dass es meinem Sohn gerade nicht gut geht.«

Und aus der nüchternen alten Dame wird sehr schnell eine Mutter mit Muttersorgen. Dabei ist ihr Sohn inzwischen über sechzig Jahre alt und war oberster Manager eines Großunternehmens, das in die Schlagzeilen geraten ist, und er damit auch.

Er sei in einem Haifischteich und sei selbst so gar kein Haifisch, sagt sie. Aber wenn er es in diesem Teich so weit gebracht hat, sage ich, muss er selbst doch auch ein bisschen Haifisch sein, das ist doch der Preis, den man bezahlt. »Meinen Sie?«, sagt sie. »Nein, ich kann das nicht glauben. Er ist einfach kein Haifisch, das glaube ich wirklich nicht.« Und das macht ihr Sorgen: »Wenn er es nur wäre.« Sie liege in der Nacht wach und überlege, wie sie ihm helfen könne. Sie hoffe, dass er nicht bitter werde. Sie denke, dass sie ihm zu wenig Ellbogen beigebracht habe.

Dabei ist es Margarete Mitscherlich völlig klar, dass sie als Mutter längst nicht mehr in der Verantwortung steht: »Mein Sohn ist glücklich verheiratet und Vater von vier Kindern.« Trotzdem lässt die Psychoanalytikerin ihre professionelle Fähigkeit zur Distanznahme, die sie sonst kaum abzulegen scheint, bei ihrem Sohn jetzt einfach fahren. Und diese Reaktion ist wohl der zweite Schlüssel zu Mitscherlichs wacher Lebendigkeit: Sie hat die Fähigkeit, sich auch im hohen Alter noch auf den Kummer, das Glück, das Leben anderer Menschen einzulassen und dabei die Tatsachen des eigenen Gefühlslebens nicht auszusperren.

Nun bleibt ein Sohn für die Mutter immer ein Sohn, Mutterliebe ist lebenslänglich, und bei Margarete Mitscherlich kommt hinzu, dass sie zu wissen glaubt, was ihre Mutter-Sohn-Beziehung geprägt hat. Die Tatsache etwa, dass sie ihr Kind im Alter von zwei bis sechs weggab, »in die Obhut meiner Mutter nach Dänemark«, sie sah damals keine andere Möglichkeit. Sie wollte und musste finanziell auf eigenen Füßen stehen, sie war Ärztin und wollte sich zur Psychoanalytikerin ausbilden lassen, sie wusste, dass dieser Beruf wie maßgeschneidert war für sie, sie wollte nach London, wo die Großen der Zunft waren, Michael Balint, Melanie Klein, Anna Freud. Damit verknüpft die Tatsache, dass sie deswegen Schuldgefühle hatte, obwohl sie immer schon fest davon überzeugt gewesen sei, dass »nur eine glückliche Mutter auch eine gute Mutter ist«.

Natürlich habe sie nachher immer versucht, die vier Jahre ihrer Abwesenheit irgendwie wettzumachen. Einerseits sei er ja sehr selbstständig gewesen, sodass sie ihn manchmal wohl auch überschätzt habe, andererseits sei er als Junge oft zu ihr gekommen bei einem Streit mit anderen und habe sie gebeten, ihn zu verteidigen. Natürlich habe sie da gesagt, nein, das musst du selbst tun. Aber gleichzeitig sei sie auf dem Balkon gestanden, jederzeit bereit einzuschreiten, wenn einer ihrem Jungen was getan hätte. Margarete Mitscherlich lässt zu, dass ihr damaliges Verhalten sie bis heute beschäftigt.

Auf dem Tisch liegt die neuste Ausgabe der Zeitschrift *Psyche.* Und sie hat zwei Tageszeitungen abonniert: »Wissen Sie, ich bin immer froh, wenn mein Kopf beschäftigt ist.« Denken und Erkennen war für sie immer schon ein Elixier, aber jetzt, da sie sich nicht mehr auf ihren Körper verlassen kann, mehr denn je. Trotz der ihr bewussten Tatsache, dass nicht sie die Zukunft gestalten wird, will sie die Gegenwart nicht aus den Augen verlieren. Dass sie sich von einer Welt, die immer weniger auf ihre Teilnahme baut, keineswegs verabschiedet, ist wohl der dritte Schlüssel zu

Mitscherlichs heiterer Präsenz: »Es macht mich einfach glücklich, Zusammenhänge zu erkennen. Ich will informiert sein. Ich will wissen, warum ich handle, wie ich handle. Immer noch. Das macht einfach frei. Zu verstehen und verstanden zu werden ist doch der Weg zu einem guten Leben. Das hilft einem, die Welt zu ertragen.«

Ertragen? Dabei wollte sie die Welt doch einst verändern. »Ich glaube, man muss sie in erster Linie ertragen lernen. Verändern kann man ja nicht wirklich viel.« Sie bezeichnet sich als »Realistin«. »Das Wichtigste ist, sich bewusst zu werden, dass man in einem Räderwerk steckt. Man wird in Situationen geworfen. Und daraus muss man dann etwas machen. Immer wieder.«

Wenn Margarete Mitscherlich aus ihrem Leben erzählt, dann schildert sie solche Situationen, solch »prägende Umstände«. Ihr Leben erscheint von heute aus gesehen als eine ziemlich schlüssige Abfolge von Gegebenheiten, die sie in einem guten Sinne zu nutzen wusste.

Die Eigenständigkeit ihrer Mutter zum Beispiel war für sie prägend. In einer Zeit, als die gesellschaftliche Bestimmung der Mädchen sich noch im Heiraten und Kinderkriegen erschöpfte, drängte die Mutter Margarete zum Studium: »Sie redete mir so lange ein, dass ich doch Abitur machen wolle, bis ich es am Schluss selbst glaubte.«

Eine weitere Gegebenheit war ihre Schulzeit in Deutschland unter den Nationalsozialisten. »Da sah ich, wie sich eine ganze Gesellschaft dem offensichtlich Bösen, Verlogenen unterordnen kann.« Blinder Gehorsam gegenüber gesellschaftlichen Konventionen ist ihr seither unmöglich und Widerstand gegen eine in ihren Augen falsche allgemeine Moral selbstverständlich. Wobei sie auch ihre eigenen Grenzen kennengelernt hat. Sie habe es sich später übel genommen, nicht so viel Mut gezeigt zu haben wie die Geschwister Scholl, die ihren Widerstand mit dem Leben bezahlt haben. Sie selbst habe doch in diesen abnormen Zeiten »nur« normales Verhalten gezeigt.

Eine Gegebenheit oder vielmehr »ein glücklicher Zufall« war ihre Begegnung mit Alexander Mitscherlich, die sich zu einer langen Liebes- und Arbeitsbeziehung entwickelte. Die fing nach dem Krieg als Affäre an. Er war zum zweiten Mal verheiratet und Vater von vier Kindern, und als Margarete schwanger wurde, war Scheidung für ihn keine Option. Sie akzeptierte seine Entscheidung, sie konnte sie sogar verstehen. Und war in einem bestimmten Sinne froh: Sie hatte sich lange für das Glück ihrer Mutter verantwortlich gefühlt, die eine großartige, kluge, aber im Grunde traurige Frau war. Und später hatte sie während sieben Jahren nicht den Mut, sich von einem tuberkulosekranken Mann zu trennen, obwohl sie zusammen nicht glücklich waren.

Hier nun, mit dem verheirateten Alexander, hatte sie keine Verantwortung zu tragen, das erleichterte sie. Hart war es trotzdem. 1949 kam ihr Sohn zur Welt, in einer Zeit also, in der ledige Mütter noch als »gefallene Frauen« betrachtet wurden. Sie hatte viele praktische Probleme, aber die öffentliche Meinung belastete sie nicht, da war sie innerlich immun: Die Erfahrungen während der Nazizeit hatten sie diesbezüglich unabhängig gemacht.

Schritt für Schritt, so scheint es im Rückblick, hat sie in ihrem Leben den Zusammenhang von Freiheit, Erkenntnis und Glück freigelegt. Und dieser Zusammenhang gilt nicht nur für Individuen, sondern auch für ganze Gesellschaften.

Diese Überzeugung stand hinter *Die Unfähigkeit zu trauern*, dem Buch, das Margarete Mitscherlich zusammen mit Alexander schrieb, mit dem sie inzwischen verheiratet war. Das Werk erschien 1967, wurde zu einem Bestseller und zeigte große Wirkung. »Es war das richtige Buch zur richtigen Zeit«, sagt sie. Während die nach dem Krieg geborenen Söhne und Töchter aufstanden, in ihren Eltern die Täter Hitlers suchten und nach deren persönlicher Schuld fragten, forderten die Mitscherlichs, dass sich Deutschland als Nation seiner Vergangenheit stellen müsse, was es bis dahin keineswegs getan hatte. Wer wolle, dass sich die Gräuel der Nazizeit nicht wiederholten, müsse verstehen, wie es dazu kommen konnte, und welche Folgen die Verdrängung der Schuld haben könnte.

Rund zehn Jahre später brachte Mitscherlich dann das vermeintlich unversöhnliche Paar Feminismus und Psychoanalyse zusammen, indem sie Freuds Verdienste für die Anerkennung einer weiblichen Sexualität herausstrich. Vor Freud seien Frauen ja gar nicht als sexuelle Wesen in Betracht gezogen worden, sagt sie. Als die Frauen der 68er-Bewegung sich dann von der 68er-Bewegung befreiten, war Margarete Mitscherlich zwar bereits sechzig, sah aber durchaus die Notwendigkeit, in den Frauen ein neues revolutionäres Feuer zu entfachen. 1977 bekannte sie in der ersten Ausgabe der *Emma*: »Ich bin Feministin.«

Dabei war sie ideologiefrei freundlich zu den Männern. Sie sah in ihnen nicht in erster Linie Vergewaltiger und Unterdrücker der Frauen, sondern Verletzte, die sich gegen die grundlegende Kränkung zu behaupten suchen, dass sie ihr Leben einer Frau, ihrer Mutter, zu verdanken haben, dass eine Frau über ihr Sein oder Nichtsein entschied.

Und ebenfalls gegen den damaligen feministischen Mainstream war Mitscherlich streng zu den Frauen: Sie sah in ihnen nie nur Opfer, sondern Mittäterinnen. Denn dass die Frauen den Kindern, die sie gebären, ebenso ausgeliefert sind wie die Kinder ihnen, führe bei ihnen zu einem perversen Masochismus, den die Gesellschaft in ihren Muttermythen fördere und den die Frauen zu wenig hinterfragten, so Mitscherlich. Zudem seien Frauen einander oft genug feindlich und schadenfroh gesinnt, statt sich gegenseitig zu unterstützen. Häufig sei eine Frau der größte Widersacher einer anderen Frau.

Margarete Mitscherlich hat enorm viel erfüllte Vergangenheit in sich. Und sosehr sie sich immer noch um die Gegenwart bemüht, lebt sie doch mehr und mehr in ihren Erinnerungen. Ihre Zukunft sieht sie an einem kleinen Ort: »Nur noch diesen Sommer«, dachte sie letzten Sommer, und jetzt denkt sie: »Mein letzter Sommer.«

Sie denkt oft an den Tod. Er ist in ihrem Leben gegenwärtig geworden. Die meisten Menschen, die ihr wichtig waren, sind gestorben. Ihre Mutter, die sie als »die erste Liebe meines Lebens« bezeichnet, der von ihr sehr geliebte Alexander, viele Freunde, und sie ist ein zur Freundschaft begabter Mensch; sie hatte viele lebenslängliche Freundschaften. »Aber wer wird schon so alt, wie ich es jetzt bin?« sagt Margarete Mitscherlich.

Sie vermisst ihre Toten sehr, »aber da muss man halt einfach durch«, sagt sie. Jammern nützt nichts, also jammert sie nicht. Dabei beharrt sie darauf, ganz Psychoanalytikerin, dass man den Schmerz nicht verdrängen dürfe, das koste sehr viel Energie und blockiere. Nur wenn man sich die Trauer bewusst mache, auch die Erinnerungen, die Schuldgefühle, alles, so schmerzhaft dies auch sei, einzig dann könne man wachsen und weiterleben.

Nur den eigenen Tod hält Margarete Mitscherlich sich offenbar nicht nur erfolgreich vom Leib, sondern auch aus ihren Gedanken fern. Nicht, weil sie so sehr am Leben hängt, und auch nicht, weil sie an ein Leben nach dem Tod glaubt. Sondern weil man den eigenen Tod gar nicht denken könne: »Wie soll ich mir denn das Nichts vorstellen? Das geht ja gar nicht«, sagt Mitscherlich und schenkt Wasser nach.

»Hoffnungslosigkeit
ist meine Muse«

TOMI UNGERER, 79, ZEICHNER, MALER,
KINDERBUCHAUTOR

Ein Besuch bei Tomi Ungerer ist ein Besuch bei einem Menschen, der sagt: »Zum Glück bin ich nie glücklich gewesen.« Er heißt einen willkommen mit den Worten: »Ach, wären Sie doch lieber nicht gekommen.« Er mag Beleidigungen: »Also, ich weiß auch nicht, was Sie in Ihrem Kopf haben.« Ich sage: »Aber damals haben Sie in Neuschottland gewohnt, nicht?« Er bellt zurück: »Ja, was. Und? Durfte ich da vielleicht nicht wohnen? Aber jetzt lebe ich in Irland. I-R-L-A-N-D. Verstehen Sie?« Plötzlich jault er auf: »Ah, ich hab solche Schmerzen.« Er wimmert: »Ich bin ja so erschöpft.« Und winselt: »Ein bisschen Respekt, bitte! Ich bitte um Respekt. Ich bin jetzt 79 Jahre alt und hatte drei große Ausstellungen.«

Wie ein Refrain unterbricht dieser Satz das Gespräch:

»Ich bin müde.« Er fasst sich an den Kopf: »Ich bin fertig.«
Er streicht sich durch die Haare: »Ich kann nicht mehr.«
Aber auf den Vorschlag, eine Pause zu machen, reagiert er
unwirsch.

Ein Besuch bei Tomi Ungerer ist ein rasantes Wechselbad
der Gefühle. Die so dramatisch und vital zum Ausdruck ge-
brachte Empfindlichkeit und die plötzlich zischende Wut
gehen leichtfüßig über in Höflichkeit, Freundlichkeit,
Schwermut, Ernst, Lächeln, Lachen, Schalk, Lockerheit und
Freude, über einen gelungenen Satz etwa. Die versöhnliche
Kraft und die Abgründe, die man in Tomi Ungerers Arbeiten findet – von seinem *Zauberlehrling* bis hin zu *Schutzengel der Hölle* –, offenbart er auch als Person, ungezähmt
durch die Konturen seines Zeichenstifts und ohne Über-
gänge.

Herr Ungerer, können wir über Glück reden?

»Ach was. Das ist doch eine Illusion. Es hat gar keinen Sinn,
über Glück zu reden, weil es Glück nicht gibt. Man kann es
natürlich suchen, bitte. Ich habe nichts dagegen. Aber das
ist dann eine Ballonfahrt, bei der man sehr schnell ab-
stürzt.«

Für Sie ist Unglück ein verlässlicherer Treibstoff?

»Aber sicher. Ich mache mir keine Hoffnungen. Wer nicht
hofft, kann nicht enttäuscht werden. Hoffnungslosigkeit
ist meine Muse. Je hoffnungsloser ich bin, desto mehr wu-
chern meine Ideen. Da schießen Bilder aus der Hand wie
Unkraut aus dem Boden. Glück dagegen ist viel zu ernst.

Glück ergibt keine Geschichten. Und hat keinen Humor. Ohne Verzweiflung ist Humor nicht zu haben.«

Was bringt Sie denn zur Verzweiflung?

»Alles. Diese Welt. Ich trage das Unglück der Welt auf meinen Schultern. Ich muss nur die Nachrichten schauen. Alles voller Kriege, Flutkatastrophen, Hungersnöte. Das kriege ich nicht mehr aus meinem Kopf. Noch jetzt besuchen mich diese iranischen Mädchen, die ich vor zwölf Jahren im Fernsehen gesehen habe, barfuß im Schnee. Sie kommen näher und näher und sehen mich aus großen, traurigen Augen an, und ich erkenne ihre Gesichter, obwohl ich sie nie gesehen habe. Das kann ich nicht erklären, diese immer wiederkehrenden Visionen, diese Schreckensbilder.«

Was machen Sie damit?

»Ich erzählte mal jemandem davon, und er sagte: Du musst sie willkommen heißen. Du musst mit ihnen reden.«

Das hilft?

»Das war ein kluger Mann, ja. Man muss seine Ängste annehmen und damit leben lernen. Man darf sie nicht verdrängen. Das nützt nichts. Damit werden sie nur größer und bedrohlicher. Man kann auch das Böse nicht verdrängen. Man muss es anerkennen wie ein uneheliches Kind. Es ist in uns und dieser Welt. Man kann es nur zähmen, indem man sich mit ihm anlegt, nicht, indem man es flieht.«

Besuchen Sie deswegen regelmäßig das Konzentrations-
lager Struthof?

»Selbstverständlich. Und ich nahm auch meine Kinder
mit, wenn sie im Elsass waren. Denn die Menschen morden nun mal, sie saufen, schreien, bekiffen sich, sie vögeln,
schlagen sich die Köpfe ein und krepieren. Jeder fährt seinen eigenen Lasterwagen, jeder ist Dr. Jekyll und Mr. Hyde,
vereinigt das Schlimmste und das Beste in sich. Das muss
man den Kindern zeigen, damit sie eine Haltung dazu entwickeln können. Es ist grausam, Kinder in rosa Watte zu
packen. Es ist nicht grausam, den Kindern die Welt zu zeigen, wie sie ist.«

Wobei die Welt Ihrer Kinderbücher ja gar nicht hoffnungs-
los ist. Im Gegenteil. Es gibt zwar drei grimmige Räuber,
aber sie bauen mit dem geraubten Geld ein Waisenhaus.
Und in *Zeraldas Riese* ist der böse Menschenfresser am
Schluss glücklich verheiratet und hat viele Kinder. So
freundlich ist die Wirklichkeit nicht immer.

»Aber der eine Junge des Riesen hält ein Messer hinter dem
Rücken versteckt. Das heißt, die Grausamkeit geht weiter.
Doch Fehler können korrigiert werden, wer Böses tut und
bereut, dem wird vergeben. Das ist die frohe Botschaft. Das
Böse geht ins Gute über, umarmt es, steckt mit ihm unter
einer Decke, je nachdem, böse ist nicht nur böse, gut nicht
eindeutig gut. Alles ist eben relativ. Man muss sich nur umdrehen, schon wird aus links rechts. Für eine Ameise ist
eine Pfütze ein Ozean, für einen Astronauten ist ein Ozean
eine Pfütze. Damit muss man klarkommen.«

Konnten Sie Ihre Erfahrungen mit Krieg und Besetzung auch so relativieren? Sie waren neun Jahre alt, als die Deutschen 1940 bei Ihnen im Elsass einmarschierten. Von einem Tag auf den anderen durfte kein französisches Wort mehr gesprochen werden. Alle Hauptstraßen wurden in Adolf-Hitler-Straße umbenannt. Sie selbst hießen plötzlich Hans.

»Ja, die Deutschen waren mir eigentlich recht sympathisch. Es waren jedenfalls nicht die Hunnenhorden, die ich vom elsässischen Zeichner Hansi her erwartet hatte. Da war ich selbst überrascht. Unter uns wohnte ein sehr freundlicher Waffenmeister. Er verkündete strahlend, er hätte zwei Söhne, die bereits für den Führer gestorben seien, und es wäre ihm eine Ehre, auch noch den dritten zu opfern. Er zeigte zu dem Kastanienbaum vor unserem Haus und sagte zu meiner Mutter: *Frau Ungerer, eines Tages werden an den Ästen dieses schönen Baumes Juden hängen.*«

Wie haben Sie die Schule erlebt?

»Der Führer braucht auch Künstler, hieß es, so ließ man mich machen. Ich wurde sogar bewundert. Nein, obwohl ich keine guten Noten nach Hause brachte, war die Schule für mich keine traumatische Erfahrung. Natürlich werde ich Sätze wie *Denket nicht, der Führer denkt für euch* nie vergessen. Aber ich bin ja der Einzige, der auch sagt, was gut war. Zum Beispiel die Lieder. Dieser Naziunterricht fing nach jeder Pause mit einem Lied an. *Wir werden weiter marschieren, wenn alles in Scherben fällt, denn heute, da hört uns Deutschland und morgen die ganze Welt* – solches singe ich heute noch. Wenn ich deprimiert bin, kann mich so ein Nazilied etwas aufrichten.«

So, so.

»Das ist keine Provokation. Mir gefällt auch der Goebbels-Spruch *Kraft durch Freude*. Und die Deutschen haben mir Disziplin beigebracht. Dafür bin ich dankbar. Ohne Disziplin ist man verloren. Wenn es Glück denn geben würde, wäre es eine Frage der Disziplin.«

Wie meinen Sie das?

»Ich bin ja ein unsäglich ängstlicher Mensch. Ich bin ja so ängstlich, dass ich gar nicht überlebt hätte, wenn ich nicht schon früh Rezepte gegen diese Angst entwickelt hätte. Disziplin ist eine Haltung dem Leben gegenüber. *Try harder*! Bleib dran!«

Was für Rezepte fanden Sie?

»Erstens: Keine Fragen stellen, wo es keine Antworten gibt. Zweitens: Das Unabänderliche akzeptieren. Wenn der Vater stirbt, stirbt er eben. Drittens: Man muss über alles lachen. Hast du einen Tumor? Nimm ihn mit Humor. Viertens: Auf das Schlimmste gefasst sein. Ich habe immer eine Schachtel mit Gummiband, Klebstoff, einem Schlauch und einem Lederriemen bei mir. So bin ich gegen alle möglichen Katastrophen gewappnet.«

Sie wappnen sich symbolisch.

»Natürlich symbolisch. Also bitte!«

Sie waren dreieinhalb, als Ihr Vater starb. Wie konnten Sie da einfach so sagen, tot ist tot?

»Na ja, ich habe mich natürlich schon sehr nach einem Vater gesehnt. Es war richtiggehend traumatisch für mich, keinen Vater zu haben. Ich fühlte mich als der Zukurzgekommene, wenn mein älterer Bruder von ihm erzählte. Aber nach dem Tod meiner Mutter habe ich tagelang die ganze Korrespondenz durchgesehen, und, mein Gott, was für Sauereien da zum Vorschein kamen. Aber schmutzige Wäsche soll man in der Familie waschen. Das Buch, das ich aus all den Dokumenten gemacht habe, war ursprünglich zweimal so dick.«

Da waren Sie auf einmal froh, Ihren Vater nicht wirklich gekannt zu haben?

»Er war ja so ein Tyrann. Ich hätte es vielleicht nie geschafft, mich von ihm zu befreien. Aber ich habe vieles von ihm: das Talent, die protestantische Strenge, die Disziplin, die Sparsamkeit. Mein Vater hatte ganz bestimmte Vorstellungen, und die waren eng. Mein älterer Bruder kam da vor als zukünftiger Generalgouverneur der französischen Kolonien. Gute Noten waren eine Quelle des Familienstolzes. Da hätte ich nicht reingepasst.«

Ihre Mutter hingegen war Ihnen gegenüber sehr großzügig.

»Ja, meine schöne Mutter. Sie vergötterte mich. Sie ließ mir
alle Freiheiten. Als sie entdeckte, dass ich sechs Monate
lang den Geigenunterricht geschwänzt hatte, bestrafte sie
mich nicht. Denn schließlich investiert man doch in die
Begabung, die da ist, und nicht in die, die nicht da ist. So
war sie immer. Sie war toll für einen geborenen Rebellen
wie mich.«

Sie hat Sie auch verteidigt, als Sie wegen Ihrer erotischen
Zeichnungen in *Fornicon* scharf angegriffen wurden, nicht
zuletzt von Feministinnen.

»Ja.«

Trotzdem führen Sie Ihren Frauenhass auf Ihre Mutter zurück.

»Hass ist zu viel. Hass war es nie. Ich bin ja so stolz, dass ich
jetzt im Alter nicht mehr hasse. Das habe ich gelernt, dass
der Hassende immer mehr unter dem Hass leidet als der
Gehasste. Und warum sollte ich mir das antun?«

Wenn also nicht Hass, was empfinden Sie dann Frauen gegenüber?

»Misstrauen. Die Liebe meiner Mutter war einfach zu viel
für mich. Ich habe dagegen rebelliert. Aber sowieso, Liebe.
Was ist das schon? Das Gleiche wie Glück: ein Wort. Als

Jugendlicher habe ich mir eine Disziplin daraus gemacht, mich nie zu verlieben.«

Hatten Sie Angst, die Kontrolle zu verlieren?

»Ja, klar. Die Kontrolle suche ich, weil ich so ängstlich bin. Die Liebe macht das Leben einfach zu kompliziert. Wie viele Menschen haben die Freude am Leben verloren, nachdem sie sich verliebt hatten. Das Schlimmste für mich waren die Frauen, die sich in mich verliebten. Da hatte man sie dann am Hals, sie heulten, schrien, wälzten sich auf dem Boden. Mit der Liebe kommt die Eifersucht, man will den anderen besitzen. Und Liebe dauert nicht ewig. Der eine geht, der andere leidet, heute Kuss, morgen Verdruss. Das lohnt sich doch alles einfach nicht.«

Sie sind seit vielen Jahren in zweiter Ehe verheiratet. Fänden Sie es denn besser, allein zu sein?

»Nein, man ist nicht allein. Man hat Freunde. Deshalb lege ich einen so großen Wert auf Freundschaft.«

Sind Sie ein guter Freund?

»Ach, ich habe viel zu viele Freunde. Es ist schrecklich. Ich leide viel zu viel. Wenn es einem von meinen Freunden nicht gut geht, leide ich. Ein Freund hat bei mir immer Priorität. Dabei habe ich gar nicht die Zeit dazu. Eine echte Freundschaft ist ein Fulltime-Job, so sehe ich das. Das Gleiche ist es mit den Kindern. Ich wollte ja keine. Wie kann man in diese Welt Kinder setzen? Die Frauen wollten, und das ist ja ihr gutes Recht. Aber ich träumte die schlimmsten Träume, Nacht für Nacht. Diese Aufgabe war eine Überforderung für mich.«

Zum Glück können Sie sich ausdrücken.

»Das ist kein Glück, das ist ein Zwang. Es muss alles raus. Sonst würde ich verrückt werden. Die Arbeit ist meine Zuflucht. Ohne sie würde ich krepieren. Ich bin da wie eine Schnecke. Wenn sie ihren Schleim nicht ständig absondert, erstickt sie darin.«

Haben Sie nie Ruhe?

»Nein. Ich überarbeite eine Zeichnung zwanzigmal, manchmal dreißigmal. Das ist eine Tyrannei, ich bin ja nie zufrieden. Alles ist Material für meine Arbeit. Wenn ich eine Wolke vorbeiziehen sehe, wenn ich Durchfall habe, eine Fliege, das Telefonbuch, alles, alles. Sollte ich mal keine Ideen haben, studiere ich Kostüme aus dem 18. Jahrhundert oder Bäume. Die Birken mit ihren gestreiften Unterhosen, Buchen mit einer Rinde wie Elefantenhaut, die Platanen in ihren Tarnanzügen. Ich arbeite ständig. Das ist eine Frage der Disziplin.«

Sie sind der erste Künstler, dem Frankreich zu seinen Lebzeiten ein Museum gewidmet hat. Sie wurden mit zahlreichen Preisen ausgezeichnet. Unter anderem mit dem Bundesverdienstkreuz, mit dem Hans-Christian-Andersen-Preis oder dem Erich-Kästner-Preis für Literatur. Sie wurden zum Offizier der französischen Ehrenlegion ernannt. Sie sind auch tüchtig im Geldverdienen. Wie wichtig ist für Sie der Erfolg?

»Unglaublich wichtig. Weil ich ja so verunsichert bin. Jetzt erst hat der berühmte Kunsthistoriker Werner Spies mich davon überzeugen können, dass ich ein Künstler bin. Zum ersten Mal in meinem Leben bin ich zufrieden mit dem, was ich mache. Mit meinen Plastiken und Collagen. Ich bin jetzt auf einem neuen Sprungbrett. Ich fange ein neues Leben an. Zum ersten Mal bin ich von dieser quälenden Unsicherheit befreit. Es ist wie ein Wunder. Jetzt habe ich es auch gewagt, mein erstes Buch, das ich in Amerika gemacht habe, wieder anzuschauen, *Die Abenteuer der Familie Mellops.*«

Und?

»Es ist okay.«

Sie waren ein geliebtes Kind, Sie haben Talent, auch ein Talent zur Freundschaft, Ihre Arbeit wird anerkannt und geliebt. Sie sind bald achtzig Jahre alt und erfüllt mit neuer Lebensfreude. Sie sind ein Glückspilz.

»Ja, die Menschen reden von Glück, wenn sie Chance meinen. Ich hatte viele Chancen, das stimmt. Ich bin meinen Eltern auch dankbar dafür, was sie mir vererbt haben.«

Aber Unsicherheit ist doch eine Reaktion auf Erfahrungen, die man gemacht hat. Wo denn haben Sie Ihre Unsicherheit und Ihre Ängste aufgelesen?

»Ich bin ängstlich und hochempfindlich geboren worden. Ich war zwar ein geliebtes Kind, aber ich wurde nie ernst genommen. Ich war das süße Nesthäkchen für meine mehr als zehn Jahre älteren Geschwister, und meine Meinung zählte nicht. Wenn ich etwas in meinen Augen Wichtiges sagte, lachten sie los. Das machte mich rasend. Ich entwickelte eine solche Wut. Und ganz schlimm war die Zeit nach dem Krieg. 1945 haben wir Elsässer die Befreiung durch die Franzosen herbeigesehnt. Aber sie kamen und demütigten uns. Sie beschimpften uns als *Saudeutsche*. Dabei waren wir unschuldig, im Gegensatz zu ihnen, die mit den Deutschen kollaboriert hatten. Der Minderwertigkeitskomplex, das ist eine elsässische Krankheit.«

Sie mussten die Schule dann ohne Abitur verlassen, die Kunstgewerbeschule wollte Sie auch nicht, da erachtete man Sie als zu »pervers und subversiv«. So gingen Sie in die USA, wo sich Ihre Karriere rasant entwickelte.

»Ja, aber der Erfolg hat meiner Unsicherheit paradoxerweise neue Nahrung gegeben. Lorbeeren stechen, wenn man drauf sitzt, so habe ich das erfahren. Und habe weitergemacht und mich immer wieder verändert, neue Techniken kamen dazu und so weiter.«

Toll. Aber Ihre Wut haben Sie immer noch.

»Immer noch. Ich möchte gerne ein guter Mensch sein, und ich tue auch manches dafür, verschiedene Engagements für krebskranke Kinder, Aidsinfizierte und so weiter. Weil, wer nicht gibt, vergibt sein Leben. Aber wenn ich wütend bin, kann ich sehr böse, gemeine Dinge sagen. Ich mache Menschen unglücklich. Und habe danach ein quälend schlechtes Gewissen. Aber gesagt ist gesagt, man kann es nicht wieder gutmachen, auch wenn man sich entschuldigt. Das Gewissen ist mein größter Feind. Jetzt im Alter suchen mich alte Sachen wieder heim, es ist schrecklich. Ich sehe das Gewissen als eine Art Strafe. Obwohl ich nicht an Gott glaube. Diese Entsalzungsstation für Schweiß und Tränen ist für mich ja leider nicht zugänglich.«

Was hält Sie davon ab?

»Wenn Gott die Menschen geschaffen hätte, dann wäre er ein Sadist und Voyeur. Wieso hat er mit seinem Apfelbaum diese zwei armen Kinder so verwirrt? So blöd. Jesus hingegen ist für mich ein moralischer Revolutionär. Es ist eine Revolution, vergeben zu können und seinen Nächsten zu lieben. Aber was waren die letzten Worte von Jesus am Kreuz? *Mein Gott, mein Gott, warum hast du mich verlassen?* Da sieht man es: Am Ende war auch er verzweifelt.«

Das wird Ihnen nicht passieren.

»Nein. Ich verlasse euch: Ich muss zurück zur Schule, wo ich noch 4 356 Stunden nachsitzen muss, plus Zinsen.«

Ernsthaft: Sie haben nur noch ein Auge, Sie haben einen Tumor überlebt und drei Herzinfarkte. Wie geht es Ihnen?

»Ach, ich war von Geburt an sehr zart. Ich bin mit einem Herzfehler auf die Welt gekommen. Während zweier Jahre durfte ich nicht rennen. Ich hatte Gelenkrheuma und immer wieder Ohrenschmerzen, meine Nebenhöhlen waren permanent verstopft, und außerdem war ich rachitisch samt einer Hühnerbrust, für die ich mich lange sehr geschämt habe. Und all meine Unfälle. Ich bin ein Hans Guck-in-die-Luft, mir passieren die absurdesten Dinge. Ich könnte ein ganzes Buch schreiben allein über meine Unfälle.«

Eben. Da könnte man doch verzweifeln.

»Ich aber sage: Gott sei Dank. Das sind für mich Herausforderungen. Ich habe einen fast diebischen Spaß entwickelt, mit all meinen Gebrechlichkeiten umzugehen. Mit einem Auge hat man ja keine Tiefe, also musste ich neu lernen, einen Nagel einzuschlagen. Oder fürs Kolorieren habe ich eine neue Technik entwickelt. Natürlich hat man mit dem Alter nicht mehr viel Energie. Da muss man halt lernen, sich zu schützen. Um sieben Uhr abends ist mein Tag zu Ende. Um sechs Uhr morgens fängt er an. Erst krepieren, dann marschieren. Immer weiter und heiter.«

Dem Tod entgegen. Macht er Ihnen keine Angst?

»Ich war schon dreimal tot, im Koma, und es war die schönste Erfahrung meines Lebens. Dieses Licht, diese Freiheit und keine Schuldgefühle. Wenn das Leben eine Schule ist, dann bringt der Tod die großen Ferien. Ich freue mich darauf.«

»Wenn ich ein glückliches Paar sehe, erfüllt mich das mit Wehmut«

PIA VON ARX, 77, HAUSFRAU

Pia von Arx, geborene Flury, wollte unbedingt Kinder. Für uns hat sie alles gegeben, als wir klein waren, in späteren Jahren wurde sie von uns auch enttäuscht. Das weiß ich schon lange. Aber erst als ich mit meiner Mutter für dieses Buch über ihr Leben sprach, wurde mir klar, wie klein und traurig sie dieses sieht. Ich möchte gerne glauben, dass sie sich täuscht.

Wenn ich Pia Freunden vorstelle, sind die begeistert: über ihren Witz, ihre Lebendigkeit, ihre geistigen Luftsprünge. Sie findet schnell einen Draht zu Menschen, und ihr Taktgefühl verlässt sie kaum. Sie hat keine falschen Hemmungen. Dazu passen ihre kurz geschnittenen, grauen, eigenwilligen Haare und die markante Brille ohne Firlefanz. Pia mag klare Farben, Rot, Weiß, Schwarz, Grün, und sie kombiniert ihre

Kleider mit Stil. Insofern hat sie sich von ihrer dörflichen Nachbarschaft emanzipiert, die Blumenblusen vorzieht und die gute Stube mit gehäkelten Schondecken untadelig hält.

Meine Mutter hat das kleine Dorf, in dem sie geboren wurde, kaum je verlassen. Einen Fernseher hatte fast niemand, als sie Kind war. »Wir waren wie abgeschnitten von der Welt. Dass das Leben auch anders sein könnte, als es war, auf diese Idee kam ich gar nicht. Dafür fehlten mir die Vorbilder.« Pia sagt, sie habe sich nie richtig von ihrer Herkunft frei machen können. »Ich habe die großen Entscheidungen getroffen, als ich unendlich jung und unendlich dumm war. Und ich habe keine andere Möglichkeit gesehen, als die von mir angerichtete Suppe auszulöffeln.«

Dabei hänge alles mit allem zusammen und es falle ihr heute noch schwer auseinanderzunehmen, wo sie hätte handeln können und wo sie Opfer der Umstände und ihrer Erziehung war. »Ich habe nie gelernt, *ich* zu sagen. Vielleicht ist das der Schlüssel zu meinem Leben. In den kleinen Sachen wusste ich schon, was ich will, und kämpfte auch dafür. Aber nicht in den großen. Da ergab ich mich und litt heimlich.«

Wenn Pia von den großen Dingen spricht, meint sie vor allem ihre Ehe. »Guido und ich, wir sind nicht seelenverwandt.« Was Liebe sein könnte, ahnte sie nur. »Guido ist ja sehr unkompliziert: Ob ein Vreneli oder eine Klara, solange sie katholisch und keine Hässliche war, wäre ihm alles recht gewesen.« Sie hätte sich gefreut, wenn ihr Verlobter sie zum Tanz aufgefordert hätte, er blieb am Tisch sitzen. Sie trug ein neues Kleid, ihr Ehemann bemerkte es nicht. Und wenn doch, dann so: »Hast du wieder einen

Lumpen gekauft?« Sie war schwanger mit dem ersten Kind und selig. »So eilig wäre es nun auch wieder nicht gewesen«, war der Kommentar des zukünftigen Vaters. »Alles kleine Stiche in mein Herz«, sagt Pia.

Sie erholte sich davon in ihren Schulmädchenträumen. In ihren Gedanken fantasierte sie sich an die Seite eines Mannes, der Zuneigung zeigt, der seine Gefühle ausdrücken kann und der ihre Bedürfnisse und Freuden und die der Kinder nachempfindet. »Bescheidene Ideale. Aber ich freute mich manchmal richtiggehend darauf, ins Bett zu gehen, um meinen Wünschen ungestört nachhängen zu können.«

Sie dachte oft an den Vater der Kinder, die sie als Kindermädchen gehütet hatte. »Er war so freundlich und verständnisvoll. Nie ein lautes Wort. Das war für mich unfassbar, dass ein Mann überhaupt so sein konnte.« Sie sah diesen Vater und verglich ihn mit ihrem eigenen, einem strengen, humorlosen, gefühlskargen Mann. »Was willst du schon wissen, du dumme Gans!« war der Satz, den sie am meisten von ihm zu hören bekam. »Man bevorzugte bei der Ausbildung die Jungen. Das war zu dieser Zeit einfach so.« Ihre drei Brüder konnten einen Beruf erlernen, bei Pia und ihren zwei Schwestern hieß es: »Andere gehen in die Fabrik arbeiten, unsere Damen sind sich zu fein dafür.«

Im letzten obligatorischen Schuljahr war meine Mutter derart oft krank, dass am Schluss im Zeugnis stand: »Wegen zu langem Schulaustritt keine Noten.« Danach wurde ihre Mutter krank und Pia zu Hause auf dem Bauernhof gebraucht. »Es war ein Kampf ums Überleben. Meine Mutter war eine gütige, vielfach überforderte Frau, die unter ihrem Mann nichts zu lachen hatte und ihren Humor

trotzdem nicht verlor. Aber sie musste richtiggehend schuf-
ten. Alle schufteten damals.« Später besuchte Pia in der
französischsprachigen Schweiz ein katholisches Institut:
»Es war eine Zweiklassengesellschaft. Auf der einen Seite
die Pensionärinnen, deren Eltern Schulgeld bezahlten, und
auf der anderen Seite die Volontärinnen, zu denen ich gehörte. Wir waren sozusagen die Putzlappen. Wir bekamen
pro Woche eine Stunde Französisch, eine Stunde Hand-
arbeit und eine Stunde Benimmunterricht, die sogenannte
heure de la politesse, während der wir Kartoffeln schälen
mussten. Es wurde uns wirklich nichts geschenkt. Beim
Einsteigen in den Bus hatten wir den Pensionärinnen den
Vortritt zu lassen.«

Ihre Kindheit und Jugend seien nicht arm an solchen
Demütigungen gewesen und diese hätten nicht gerade
eine ideale Voraussetzung geboten, um ein gutes Selbstvertrauen aufbauen zu können, sagt Pia. »Äußerlich war ich
manchmal durchaus frech und habe rebelliert, auch gegen
meinen Vater. Innerlich aber war ich gezeichnet. Ich war
unvorstellbar unsicher. Ich hatte keine hohe Meinung von
mir selbst.«

Umso mehr freute sie sich über die zwei Bewerber um
ihre Hand. Der eine war ein netter, freundlicher Junge um
die zwanzig, den sie sehr mochte, der andere ein 16 Jahre
älterer Mann, der sie mit seinen Briefen beeindruckte.
»Nimm den Markus, nicht den Markusli«, riet ihr der
Vater. Sie gehorchte in der Erwartung, von nun an einen
Felsen an ihrer Seite zu haben. Sie war 21 Jahre alt, als sie
heiratete.

Ein halbes Jahr später wusste sie, dass sie einen Fehler
gemacht hatte. »Ich war ja unsäglich romantisch und fiel

umso härter auf den Boden der Realität. Wäre ich erfahrener gewesen, auch in Bezug auf mich selbst, ich hätte deinen Vater nicht geheiratet.« Meine Mutter erschrickt nicht vor diesem Satz. »Es war eine unvernünftige Vernunftehe. Das ist einfach eine Tatsache. Ich habe mich darein geschickt und würde das nie an die große Glocke hängen, wenn du mich nicht fragen würdest.«

Sie hat mit niemandem über ihre Enttäuschungen gesprochen. »Im Dorf sicher nicht, da hätte man Hemmungen. Und es nützt nichts.« Als der Arzt bei ihr einmal enorme Verspannungen feststellte, erzählte sie ein wenig. Er schickte sie zu einer Paartherapeutin. Die wollte auch ihren Mann sehen. Er kam mit, fand die Therapeutin noch komplizierter als seine Frau, diese insistierte nicht. »Heute glaube ich, es war für mich das Beste, da einen Deckel draufzusetzen. Sonst kommt so viel hoch, und ich fange an nachzudenken, wie jetzt, wenn ich mit dir rede.«

Damals konnte sie nichts ändern. »Ich hatte nicht einmal daran gedacht«, sagt sie. Scheidung war tabu für sie, die während dreißig Jahren jeden Sonntag ihre religiöse Pflicht erfüllte, regelmäßig betete und all ihre Kinder baldmöglichst taufen ließ, weil es hieß, ein Kind komme in die Vorhölle, sollte es ungetauft sterben.

Sie erinnert sich, wie sie manchmal in der Küche stand und sich selbst Halt zu geben suchte mit einem Lied aus einer Operette, die sie auf Schallplatte hatte: »Sie hieß *Land des Lächelns* und der Text ging so: *Immer nur lächeln und immer vergnügt, lächeln auch in den tausend Schmerzen. Und wie's da drinnen aussieht, geht niemand was an*, das summte ich immer wieder. Manchmal sang ich es auch lautstark, so wie jemand anders auf den Tisch schlägt.«

Und sie stürzte sich in ein anderes Liebesprogramm. Meine Mutter bekam nacheinander zwei Jungen und drei Jahre später den dritten. »Das war eine sehr glückliche Zeit. Ich war selig. Ich glaube, es hat niemanden gegeben, der sich so sehr eine Familie gewünscht hat wie ich. Wenn ich keine Kinder bekommen hätte, das wäre furchtbar gewesen.« Sie habe ihren ganzen unverbrauchten Vorrat an Liebe den Kindern gegeben. Und so viel Liebe und Fröhlichkeit zurückbekommen. Manchmal rannte sie von der Kirche am anderen Ende des Dorfes nach Hause, voller Ungeduld, wieder bei ihren Kindern sein zu können.

Doch dieses Liebesprogramm war auch ein Arbeitsprogramm. Natürlich sei sie rund um die Uhr beschäftigt gewesen: »Mit Kindern vergehen die Tage wie im Flug. Sie sind ja unglaubliche Zeitvernichter. Da kommt man gar nicht zum Nachdenken. Einmal umdrehen, und schon ist wieder ein Jahr vorbei.«

Als sich nach acht Jahren Pause wieder ein Kind anmeldete, diesmal ein Mädchen, und nach einem Jahr noch ein Junge, war meine Mutter weniger enthusiastisch. Die ganze Arbeit hing an ihr. Sie fragte: »Wer hilft?« Und ihre Antwort war: »Jetzt muss mir kein Pfarrer mehr etwas sagen!« Auf einen Schlag legte sie die Ehrfurcht, die sie vor der Kirche gehabt hatte, als übertrieben ab und wurde nicht mehr oft im Gottesdienst gesehen. »Und ich bin deswegen kein schlechterer Mensch geworden«, sagt Pia. In einem Dorf beanspruche die neue Frisur von Frau Müllermeier sowieso oft größere Aufmerksamkeit als das Wort Gottes. Für sie sei die kirchliche Moral kaum Stütze gewesen, sondern eher eine Last. »Aber ich habe auch nie nachgedacht.

Ich habe einfach angenommen, was da erzählt wurde, egal ob über Sexualität oder Verhütung, einfach alles. Mit zwanzig hatte ich etwa das Bewusstsein einer heute 13-Jährigen. Und das hat sich lange nicht wirklich geändert. Da bin ich wohl auch selbst schuld. Oder die Zeit, die fehlende Schulbildung, was weiß ich.«

Es folgten die härtesten Jahre ihres Lebens, als ich und mein jüngerer Bruder noch klein waren und unsere drei älteren Brüder in die Pubertät kamen. »Pubertät, diesen Begriff kannte man damals ja noch gar nicht. Für mich war es ein Schock, was da mit deinen Brüdern vorging. Diese Kämpfe. Diese Frechheiten. Dieses Aufbegehren. Und das Gefühl, total machtlos dagegen zu sein. Eine feste Hand wäre dringend nötig gewesen. Aber Guido flüchtete sich jeweils in seine Kellerwerkstatt. Es gab eine kleine Drogengeschichte, die vor dem Jugendgericht endete, wegen Haschischkonsums. Heute wäre das harmlos, aber damals … Dazu ihr Kleinen. Ich fühlte mich so alleine. Und körperlich war ich absolut am Limit.«

Meine Mutter hat uns öfter schon erzählt, wie mein Bruder Stephan ihr zu helfen versuchte, ein bisschen aufräumte, die Stoffwindeln von der Wäscheleine nahm und zusammenfaltete. Sie schämte sich dafür, empfand das als Vorwurf.

»Ja, klar. Ich war völlig überfordert. Ich weiß noch, dass ich manchmal erst um vier Uhr nachmittags dazu kam, das Geschirr vom Mittag zu spülen.«

Das muss schrecklich gewesen sein für dich.

»Ja. Ich mag es, mit der Arbeit nachzukommen.«

Es deprimiert dich richtiggehend, wenn du es nicht schaffst. Du lädst dir zu viel auf.

»So bin ich halt.«

Das ist doch kein Naturgesetz.

»Offenbar doch.«

Es hat Methode. Du hältst dich so auf Trab.

»Es hat einfach immer viel zu tun gegeben. Das hat man alles erledigt.«

Was bereust du am meisten?

»Dass ich keinen Beruf gelernt habe. Dass ich kein Instrument spielen kann.«

Würdest du dich nochmals derart für deine Kinder aufopfern?

»Ich könnte gar nicht anders. Das ist mein Naturell. Ihr wart das Zentrum meines Lebens und seid es ein Stück weit immer noch. Wenn ich das Gefühl habe, einem von euch geht es nicht so gut, trifft mich das. Aber natürlich seid ihr eure eigenen Wege gegangen.«

Was wirfst du deinen Kindern vor?

»Manchmal vergleiche ich, wie andere sich ihren Eltern gegenüber verhalten. In unserer Familie sind ja harsche Töne eher die Regel als die Ausnahme. Ich fände es umgekehrt schöner. Aber es hat sich auch gebessert.«

Und was wirfst du mir vor?

»Dir? In der Pubertät war es nicht lustig mit dir. Deine Tür war immer verschlossen. Und wie du als Austauschschülerin ein Jahr nach Jamaika gingst, hast du eine Freundin mitgenommen zum Flughafen. Das war für mich ein Schlag ins Gesicht. Und jetzt bist du manchmal so kurz angebunden am Telefon. So hart. Du erzählst so wenig.«

Du wolltest unbedingt Kinder. Aber stolz scheinst du nicht auf uns zu sein.

»Da sehe ich auch keine Notwendigkeit.«

Eine Notwendigkeit nicht. Aber eine mögliche Quelle von Freude, Glück, was weiß ich.

»Hätte ich denn Grund, stolz zu sein?«

Gründe kann man immer finden. Alle deine Kinder waren zum Beispiel auffallend gute Schüler. Du nahmst das als Selbstverständlichkeit hin.

»Das stimmt, ich prahle nicht mit meinen Kindern. Das ist mir fremd. Andere sind in dieser Hinsicht erbarmungslos. Da ist jedes Kind ein Genie.«

Wir sind ja auch gesprächsfreudig. Ich fand unsere Familie zwar immer sehr anstrengend, sehr laut, aber auch sehr lebendig und anregend. Ich hätte nie mit jemandem tauschen wollen.

»Dann ist es ja gut.«

Ich finde, da hast du tolle Arbeit geleistet.

»Ich war viel zu wenig konsequent. Zu wenig hart im Durchgreifen. Ich habe mir über die Erziehung auch einfach keine Gedanken gemacht. Ich bin in so vieles einfach reingerutscht.«

Auch wegen Guido?

»Im Gegenteil. Ich denke heute manchmal, er hat einfach eine Leitung weniger als ich. Aber niemand kann aus seiner Haut, und er hat seine mangelnde Sensibilität und seine Gleichgültigkeit gegenüber vielem mit einem genügsamen, großzügigen, toleranten Temperament ausgeglichen. Stand das Essen mal nicht auf dem Tisch, wenn er nach Hause kam, kein Problem. Als ich dich ins Ballett oder Xander in die Eurythmie schicken wollte, kein Problem. Ferien für mich mit einer Freundin? Aber ja.«

Du hast zwar nicht bekommen, was du wolltest, aber dafür Freiheit.

»Mit einem Mann, der autoritär und fordernd gewesen wäre, wäre ich vielleicht viel weniger zurechtgekommen als mit Guido, das stimmt. Ich musste ja dann doch ein paar Dinge an mich reißen, nicht zuletzt die Finanzen, das hat mein Selbstbewusstsein gestärkt. Neben Guido konnte und musste ich mich entwickeln.«

Und doch haderst du immer noch mit deiner Ehe.

»Das kommt eigentlich erst jetzt wieder, im Alter, wo ich den Tod vor der Tür sehe. Jetzt habe ich wieder manchmal das Gefühl, ich wäre schon einmal gerne richtig verliebt gewesen und dass es schön gewesen wäre, diese Liebe hätte auf Gegenseitigkeit beruht. Wenn ich einem sichtbar glücklichen Paar begegne, beschleicht mich noch heute ein Gefühl der Wehmut. Da habe ich Sehnsüchte.«

Aber du hast nie etwas getan dafür, dass diese Sehnsüchte erfüllt werden konnten.

»Nein, um Gottes willen. Ich hätte so etwas nie ausgelebt. Da hätte ich ein schlechtes Gewissen gehabt. Und jetzt ist Guido 93. Er ist ja geistig immer noch da, aber er braucht Pflege, und man kann ihn nicht mehr alleine lassen. Da fühle ich mich auch verantwortlich. Wenn der Altersunterschied groß ist, hat das eben Konsequenzen, vor denen will ich mich nicht davonstehlen.«

Ich bewundere die Klarheit, die meine Mutter über ihr Leben gewonnen hat. Mich erschüttert, wie sie sich bis heute in alles schickt, was sie Tatsachen nennt. Ich kenne keine nüchternere Träumerin als sie.

»Der Tod ist mein Freund«

GÜNTER WALLRAFF, 68, UNDERCOVER-REPORTER

Günter Wallraff ist ein groß gewachsener Mann von aske-
tischer Attraktivität. Er strahlt lebendige Unruhe aus oder
rastlose Energie. Wer, wenn nicht Günter Wallraff, kann
die Frage beantworten, ob es sich lohnt, ein guter Mensch
zu sein.

Denn Günter Wallraff ist ein guter Mensch. Die Loyali-
tät gegenüber den Schwachen hat er nie abgelegt. »Das
Recht ist aufseiten der Opfer, da bin ich voreingenom-
men«, sagt er. Wenn er Gerechtigkeit zerfallen sieht, setzt er
alles aufs Spiel, sein Gesicht, seinen Ruf, seine Gesundheit,
sogar sein Leben.

1974 kettete er sich als anonymer Grieche in Athen an
eine Säule als Protest gegen das damalige Militärregime. Er
wurde gefoltert, bis er seinen Namen preisgab, und dann

zu 14 Monaten Gefängnis verurteilt. Als er sich 1976 als Agent bundesdeutscher Waffenlieferanten tarnte, um einen Putsch des portugiesischen Exgenerals António de Spinola zu vereiteln, gab er sich potenziellen Killern in die Hände. Er kam mit Drohbriefen und einem abgebrannten Dachstuhl davon. Wallraff war als Obdachloser in Asylheimen, ließ sich ins Irrenhaus sperren, er war der *Bild*-Reporter Hans Esser. Für sein Buch *Ganz unten* setzte er sich Anfang der 80er-Jahre der Hölle eines türkischen Gastarbeiters in der Bundesrepublik Deutschland aus, zwei Jahre lang war er Ali Levent Sinirlioglu, um dieser Gesellschaft vorhalten zu können, auf wessen Kosten sie lebt, wie viel Elend sie schafft.

Und er ist immer noch unterwegs. Er zog als Schwarzer durch die Lande und suchte mit versteckter Kamera den Rassismus seiner Landsleute. Er heuerte in Callcentern an und berichtete davon, wie ihn sein Arbeitgeber zu betrügerischen Methoden angehalten hatte. Ob bei Starbucks, der Deutschen Bahn oder bei Lidl – »die neue Arbeitswelt ist keine gute«, sagt Wallraff, und diese Behauptung hat für ihn die Qualität einer Tatsache, gegen die er sich mit seiner ganzen Kraft und Empörung stemmt.

»Wir sind da, um einander zu helfen. Wer dies missachtet, ist entweder verdorben – oder er träumt schlecht«, sagt Günter Wallraff an seinem Küchentisch in Köln-Ehrenfeld, wo er seit vielen Jahren wohnt. Wer auf Dauer egoistisch und auf Kosten anderer lebe, liege irgendwann in einem sehr unbequemen Bett: »Menschen sind soziale Wesen. Schon die Neandertaler ließen einen, der das Bein gebrochen hat, nicht einfach liegen.«

Soziales Engagement gehört für Günter Wallraff zum Leben wie die Körperpflege. Man macht es einfach. Er sagt, dass er sich auf seinen Lebensweg, auf seine guten Taten nichts einbilde. »Als Beamter oder in einer Redaktion wäre ich einfach todunglücklich geworden. In solch vorgefertigten Bahnen würde ich mich ja gar nicht spüren können.« Glücklich aber mache ihn seine Arbeit schon, »denn mit ihr habe ich einen Weg gefunden, mit meinen vielen Unzulänglichkeiten umzugehen«.

Das Militär, sagt Wallraff, habe ihn – »einen scheuen, sinnsuchenden Jungen« – zu einem sozialen Wesen gemacht. »In dieser damals noch stark faschistisch angehauchten Armee versuchte man systematisch, meinen Willen zu brechen. Da gingen mir die Augen so richtig auf. Da wurde ich politisiert.« Er war damals 21 und ist heute noch stolz auf das Etikett, das ihm der Militärpsychiater bei der Entlassung verpasste: »abnorme Persönlichkeit, verwendungsunfähig auf Dauer«. Als Dienst- und Waffenverweigerer sei er zum ersten Mal der Narr gewesen, dem die Welt ihr wahres Gesicht zeige. Da habe er eine entscheidende Lektion kapiert: »Die Welt verändern zu wollen ist ein Weg, um sich dieser Welt zugehörig zu fühlen.«

Mit der verdeckten Recherche hat er eine sehr ungewöhnliche Methode gewählt, die auch einiges über ihn aussagt. Doch man muss Günter Wallraff mit Psychologisierungen keine Gewalt antun, das übernimmt er selbst. Als Triebfeder sieht er bei sich neben Gerechtigkeitsempfinden und Abenteuerlust auch einen Mangel am Werk: Identitätsschwäche.

Oft habe er den Eindruck gehabt, gar nicht zu existieren, sagt er. Indem er eine Rolle angenommen habe, sei er überhaupt erst zu einer Identität gekommen, an der er sich habe reiben können. »In eine Rolle zu schlüpfen, nicht mehr man selbst sein zu müssen ist ein absoluter Befreiungsschlag. Die Person, die man spielt, existiert ja nicht wirklich. Man kann durch sie hindurchgehen, ihre Erfahrungen machen und dabei über sich hinauswachsen. Die Figur des Türken Ali etwa war mir nah. Er war auch schwach, ein Opfer, einer von ganz unten eben. Als Ali entwickelte ich eine Zivilcourage, wie ich sie an mir vielleicht nie so nachhaltig kennengelernt hätte ohne diese Rolle.«

Allerdings, sagt Wallraff, seien diese Rollenspiele auch oft mit großer Angst verbunden: »Bei *Bild* hatte ich Albträume, dass die mich enttarnt hatten und mir nun ihrerseits etwas vorspielten. Überhaupt war Hans Esser meine größte Negativrolle. Da lebte ich in zwei Welten. Ich musste mich aufspalten. Das ging so weit, dass ich Hannover, wo ich als Esser lebte, später nicht wiedererkannte.«

Und weil wir als Erwachsene immer irgendwie sind, was wir als Kinder gelernt haben, erzählt Wallraff auch von seiner Kindheit, wo er dieses Gefühl, jenseits der Norm zu sein, früh kennenlernte. Seine Mutter versuchte zwar, den Sohn zu einem angepassten Kind zu erziehen, selbst hatte sie sich aber auch nicht an die Vorgaben ihrer Familie gehalten, als sie sich von ihrem ersten, gewalttätigen Mann scheiden ließ und Günters Vater heiratete, einen Katholiken. Beides führte dazu, dass die Wallraffs von den protestantischen Verwandten geschnitten wurden: »Wir waren die Außenseiter.«

Wallraff kannte Hunger im Bauch und als Lebensgefühl. Es war Krieg, und alles war knapp, besonders in einer Arbeiterfamilie wie der seinen. Er kann bis heute keine Reste fortwerfen, er isst alles auf, selbst wenn er satt ist. Ein Kind unter Kindern durfte er nie sein, stattdessen musste Wallraff mitverdienen, vor der Schule Zeitungen austragen, nach der Schule Ladenregale auffüllen. Auch sonst war er als Arbeiterbub im Gymnasium schräg. Er richtete sich in seinem Kopf ein, las viel, Borchert, Tucholsky, Brecht, Böll. Die Lektüre machte den Graben zwischen ihm und den anderen Schulkameraden nicht kleiner. Als der Vater starb, musste Wallraff die Schule abbrechen und fing eine Buchhändlerlehre an.

Noch ein Erlebnis aus dieser frühen Zeit zieht Wallraff heran, um seinen Werdegang zu erklären: Als der Vater monatelang im Spital lag, gab ihn seine Mutter, die jetzt alleine für den Unterhalt aufkommen musste, ins Waisenhaus. Wallraff sagt, das sei für ihn »traumatisch« gewesen. Dass da alle Kinder ihre persönlichen Kleider abgeben mussten und Kittel trugen, erlebte er »wie eine Entpersönlichung. Man verlor seinen eigenen Geruch, seine Identität.«

Lange habe er sich als Außenseiter gefühlt. Heute empfinde er sich dank seiner Arbeit »als Außenseiter zugehörig«. Dass er inzwischen reich ist und berühmt, könne ihm dieses Grundgefühl nicht nehmen, allenfalls mildern. Seine Bücher werden auf der ganzen Welt gelesen, seine Methode hat Schule gemacht in Afrika und China, und sogar als Verb lebt er fort: Das schwedische »wallraffa« bedeutet so viel wie »eine Gesellschaft durchleuchten«. Das freut ihn, »weil das doch zeigt, dass meine Arbeit Früchte trägt«. Seine Augen freuen sich auch, als ihn ein Tischnachbar später im Restaurant anspricht und sagt, er müsse sofort seine Frau anrufen, seine Frau sei nämlich ein großer Wallraff-Fan.

Wallraff selbst ist zum dritten Mal verheiratet, »zum dritten Mal glücklich verheiratet«, präzisiert er und schmunzelt, weil ihm da Humor gelungen ist. Mit seiner jetzigen Frau, die zusammen mit Wallraffs fünfter Tochter meist in Spanien lebt, führe er »eine intensive Beziehung auf Distanz«.

Aber wenn er heute Abend einen Vortrag halten und der Saal besetzt sein wird bis auf den letzten Platz, wie fast immer, dann sei das »der blanke Horror«. Unter Leuten fühle er sich »oft richtiggehend fremd«. Seine Träume kreisten oft ums Alleinsein, sagt er. Doch während er dies sagt, sitzt er an seinem Küchentisch und tut sehr viel, um die herbeigewünschte Einsamkeit zu vereiteln. Ständig klingelt das Telefon. Jedes Mal nimmt er es ab, ist freundlich zu den Leuten, ist schnell und professionell und vereinbart hier einen Termin und dort. Seine Agenda ist voll und wird voller. »Ich kann Wichtiges nicht von Unwichtigem unterscheiden. Und ich will es auch gar nicht. Aber es brennt mich aus«, sagt er.

Wallraff erzählt, dass er Feste nicht möge. Dass er da immer entweder zu viel trinke oder so schnell wie möglich wieder verschwinde. Und er schildert die schlaflosen Nächte vor seinem fünfzigsten Geburtstag, als sein Verlag ein großes Fest zu seinen Ehren geben wollte. Wie er das im letzten Augenblick verhindert habe. Um dann nach Rostock abzuhauen und mit den vietnamesischen Bewohnern des eben von Rechtsradikalen angezündeten Asylbewerberheims zu feiern.

Wallraff könnte sein überbordendes Engagement für die Geplagten dieser Welt zum Heldentum stilisieren. Stattdessen betont er seine Unvollkommenheiten: »Gut möglich, dass mir die Rollenspiele eine Therapie erspart haben.« Oder: »Es gab eine Zeit, da war ich wohl ein bisschen wie ein Triebtäter, der das auch zwanghaft machte.« Heute, sagt Wallraff, sei er entspannter. Das Gefühl, sich beweisen zu müssen, habe nachgelassen.

Zwischen damals und heute liegen rund zwanzig Jahre, in denen Wallraff seine Veränderungswut öffentlich nicht mehr so zeigen konnte. *Ganz unten* war ein enormer Erfolg, und der Erfolg rief Feinde. Die von Wallraff Angeklagten machten ihm mit jahrelangen Prozessen das Leben schwer. Nervenaufreibend sei das gewesen, die Gerichtsverfahren hätten aber auch nochmals Aufmerksamkeit für seine Themen generiert und ihm letztlich nicht geschadet. Schlimmer trafen ihn die Vorwürfe aus den eigenen Reihen: Ein offensichtlich neidischer Bekannter behauptete, Wallraff habe vieles gar nicht selbst geschrieben, Wallraff könne gar nicht schreiben; ein ehemaliger Mitarbeiter beschuldigte ihn, ihn nicht angemessen entlohnt zu haben; dazu kamen türkische Stimmen, die Wallraff vorwarfen, es gehe ihm gar nicht um die Situation der Türken, sondern um Selbstdarstellung, er habe Millionen verdient, sie aber seien nie gefragt worden, wie das Geld einzusetzen sei.

Diese Angriffe auf seine Person hätten ihn »psychisch und physisch ausgebrannt«, sagt Wallraff. Während dieser Jahre der Prozesse und der Kritik habe er sich nur aus einem Grund über Wasser halten können: »Weil ich einen ständigen, sehr vertrauten und zuverlässigen Freund habe, der mich nie verlässt, den Tod.« Das Wissen, dass hier auf Erden alles ein Ende kenne, gebe ihm Trost, »damals wie heute«.

Auch davonrennen half. Wallraff hat sich manchmal am Morgen einfach verabschiedet. Und rannte drauflos. »Das

Rennen half mir, die Verletzungen zu verdrängen.« Wenn es dunkel war, rief er seine damalige Frau an und bat sie, ihn da und da abzuholen.

Dann stellte sich bei ihm auch noch eine schwere Knochenerkrankung ein. Die Frage, was diese Bedrohung mit ihm, dem leidenschaftlichen Langstreckenläufer, gemacht hat, beantwortet Wallraff so: »Ich habe das Kajak entdeckt.« Im Garten hängt das Seil, an dem er hochklettert, um seine Armmuskeln zu trainieren.

In der Zwischenzeit ist er nicht nur älter geworden, sondern auch ausgeglichener. »Ich habe einen Separatfrieden mit mir geschlossen. Und das macht, dass das jetzt die beste Zeit meines Lebens ist«, sagt er. Auch wenn er immer noch Tage kenne, wo er sich am liebsten aus dem Verkehr ziehen würde.

Ich frage ihn, wie viel Zeit wir noch haben. »Ach ja, da ist ja noch dieser Auftritt heute Abend.«

Lampenfieber?

»Ich habe immer Lampenfieber.«

Wie gehen Sie damit um?

»Ich bin ein guter Verdränger. Und ich komme notorisch zu spät.«

Eine Art Großzügigkeit gegenüber sich selbst?

»Ich habe mich schon verändert. Zum Beispiel beim Essen. Ich achte zwar immer noch nicht auf meine Gesundheit. Aber früher habe ich die Ravioli direkt aus der Dose gegessen. Heute mag ich ein Essen wie dieses in einem japanischen Restaurant. So was kann mich heute erfreuen.«

Und Ihre öffentliche Wiederauferstehung und die ins Zauberhafte gewachsene Kraft Ihres Namens, macht die nicht froh?

»Manchmal genügt schon ein Telefonanruf: *Hier Wall-raff, Günter Wallraff. Ich habe das und das erfahren, wenn die Sache in Ordnung gebracht wird, sehe ich von einer Veröffentlichung ab.* Allein die Drohung wirkt manchmal schon.«

Und jetzt lächeln Sie. Glücklich ist also doch, wer Gutes tut?

»Höchstens im Sinne von Albert Camus' Sisyphus. Ich tue etwas, wenn ich es für richtig halte, selbst wenn es zum Scheitern verurteilt zu sein scheint. Eine gewisse vorsätzliche Naivität ist eine Voraussetzung für ein teilnehmendes Leben.«

Eine neue, packende Leidenschaft scheint ihm dabei zu helfen, sein großes Trotzdem auszuhalten. Er sammelt Steine. Während seiner Krankheit habe er ihre Kraft entdeckt: »Aber es ist nichts Esoterisches. Es ist ihre Ästhetik. Wie formvollendet sie sind. Wie widerständig und doch formbar. Hart und weich.« Er habe Vorstellungen von Makellosigkeit in seinem Kopf, und manchmal suche er lange und beharrlich, bis ein Stein seiner Vorstellung entspreche. Die Ästhetik der Steine bringe ihn auf neue Ideen, er könne von den Steinen lernen. Was zum Beispiel? »Ruhe. Steine sind, sie müssen sich nicht beweisen. Und auch ich muss mich nicht rechtfertigen in ihrer Gegenwart.«

Doch so gut kennt er sich inzwischen: Unter Menschen gibt Wallraff den Wallraff, in welcher Rolle auch immer, da kann er sich nicht ändern. Wenn er Ruhe will, muss er sich radikal absetzen. Er denkt jetzt daran, weit weg, in einem anderen Land, ein Grundstück mit einem Höhlensystem zu erwerben. Ein Ort, den er sporadisch bewohnen will, »um eine Art vorgezogene Ewigkeit zu erspüren«.

Der glücklichste Moment seines Lebens? Wallraff muss nicht lange nachdenken. Er, das Kajak, der Atlantik und um ihn herum acht spielende Delfine. Er folgte ihnen, sie folgten ihm. »Ein Rausch und überirdischer Friede. Das Gefühl, eins zu sein mit Wasser, Himmel und allem, was dazwischenliegt«, so sei das gewesen. »Wären die Delfine nicht plötzlich verschwunden«, sagt Wallraff, »ich wäre ihnen immer weiter ins offene Meer gefolgt.« Der Himmel war bereits dunkel, als er wieder zu sich kam. Glück nach Wallraff? Das ist: Gutes tun – und sich selbst vergessen.

»Ich bin wie Obelix in einen Zaubertrank gefallen«

DANIEL COHN-BENDIT, 65, POLITIKER

Um Glück gehe es? Da sei ich bei Daniel Cohn-Bendit an der richtigen Adresse, sagt seine Assistentin in Brüssel. Er selbst äußert sich ähnlich: »Ich bin halt so ein sonniger Mensch.« – »Selbstzweifel kenne ich nicht.« – »Ich bin mit meinem Leben einfach ganz zufrieden.« Seine Erklärung für die heitere Existenz: »Ich bin wie Obelix in einen Zaubertrank gefallen.«

Das sei eigentlich keine Erklärung, sage ich, aber Daniel Cohn-Bendit beharrt darauf, ein Glückskind zu sein: »Vielleicht war es auch das Fruchtwasser oder die Muttermilch. Meine Mutter hat Glück vermittelt. Obwohl sie kein einfaches Leben hatte.« Zu harter Arbeit geht Cohn-Bendit auf Distanz: »Ich habe mir nichts erarbeitet. Ich bin meiner Intuition gefolgt.« Auch Disziplin hält er nicht für maßgebend für ein gutes Leben: »Das mich Prägende ist nicht die Überwindung der Unlust.« Im Gegenteil: »Meine Fähigkeit ist es, mich gehen zu lassen.« Was meint er damit?

Cohn-Bendits persönliches Büro besteht aus einem unpersönlichen Raum mit Computer und Sitzgelegenheiten für die vielen Presseleute, die ihn bestürmen. Mehr braucht Cohn-Bendit offensichtlich nicht, um zu funktionieren. Eben verabschiedete sich ein algerisches Fernsehteam: »Merci beaucoup, Monsieur Cohn-Bendit, c'était extraordinaire.« Nun wird unser Gespräch von einem Anruf der *New York Times* unterbrochen. Europa-Enthusiast Cohn-Bendit ärgert sich lautstark über Deutschlands Europa-Lüge: Im Fernsehen klage Bundeskanzlerin Merkel immer nur, wie viel Deutschland bezahlen müsse, dabei verschweige sie, dass ihr Land wirtschaftlich im großen Stil von Europa profitiere. Anschließend ist die französische Sonntagszeitung *Le Journal du Dimanche* am Telefon. Sie wird auf später vertröstet. Aber wie. »Aaaah, *Le Journal du Dimanche*«, sagt Cohn-Bendit und lässt die Silben schmelzen, man solle um halb fünf wieder anrufen, fast singt er, sein Gesicht lächelt, so sonnt er sich im Glanz seines Renommees.

»Zwanzig Mikrofone bewirken zwar nicht mehr denselben Adrenalinausstoß, den sie früher bewirkten – ich bin das zu sehr gewohnt inzwischen –, aber es ist immer noch ein gutes Gefühl«, sagt er. Und: »Ich brauche das.« Und: »Wenn jemand auf mich zukommt und mir sagt, dass die Welt ärmer wäre ohne mich, doch, das gefällt mir«. Und: »Es ist schön, von den Leuten geliebt zu werden.« Wenn man ein bisschen Charme geerbt habe, geschehe das ja von allein. Es gebe allerdings schon Momente, da ängstige ihn »die Mischung aus Oberdemagoge und Rockstar«, in die er manchmal während eines Wahlkampfes hineinrutsche. Er wolle die Menschen verführen, schon, »aber nicht so, dass sie die Kontrolle verlieren«. Denn das würde ihn in die Nähe des Totalitären rücken, und dagegen habe er, der im französischen Exil geborene Sohn deutscher Juden, dessen Großmutter, Urgroßmutter, Onkel und Großtante von den Nazis umgebracht worden sind, sein Leben lang gekämpft.

Er wolle politisch überzeugen, aber er sei auch ein Narzisst, sagt Cohn-Bendit. Beide Eigenschaften vermischten sich in seiner Person untrennbar und fruchtbar. Denn kluge Narzissten wüssten, dass sie eine Botschaft brauchen, um ihre Eitelkeit ungehemmt ausleben zu können. Die Botschaft wiederum brauche zu ihrer Durchsetzung einen, der den großen Auftritt liebt.

Auch mit dieser kleinen Selbstanalyse bestätigt Cohn-Bendit sein unverkrampftes Verhältnis zur eigenen Person. Schwächen gibt er locker zu, Stärken ebenso: »So bin ich halt.« Seine herausragende Begabung sei sein sechster Sinn für Politik, seine Doktorarbeit habe er im Pariser Mai 68 auf der Straße geschrieben, auch dank dieser praktischen Erfahrung im Rucksack könne er politisch denken, strategisch denken, er könne zuhören, was man ihm vielleicht gar nicht zutrauen würde, und: Er könne reden. Er denke im Reden weiter, eine Fähigkeit, die ihm mit der Geburt zugefallen sei, und die er während der Schulzeit ausgebaut habe, beim Theaterspielen etwa und später als Barrikadenkämpfer. »So hat sich langsam und stetig eine Kultur des Erfolges entwickelt.« Und parallel dazu sein Selbstvertrauen.

Doch gibt es Momente, wo Selbstvertrauen und eine klare Sicht auf die eigenen Schwächen und Stärken nicht weiterhelfen. Auch im glücklichen Leben von Daniel Cohn-Bendit. Ein Tiefpunkt sei für ihn der Vorwurf der Pädophilie gewesen, der Mitte der 80er gegen ihn erhoben wurde, aufgrund eines Textes, den er Jahre zuvor geschrieben hatte. Er äußerte sich darin über seine Arbeit in einem Kindergarten, und die Eltern, die ihm damals ihre Kinder anvertrauten, stellten sich bald hinter ihn, er wurde vollumfänglich entlastet. Aber er war mitten im französischen Wahlkampf, hatte einen Fernsehauftritt, beste Sendezeit, zwanzig Uhr, und wurde begrüßt mit der Frage: »Sind Sie pädophil?« Das habe ihn sehr hart getroffen. Plötzlich sei der Sonnyboy der *Bad Boy* gewesen. »Aber was will man? Man muss sich stellen. Man muss das durchstehen. Einmal erfährt auch Schneewittchen, dass die Welt ein böser Ort ist.« Zwei Monate später habe er den Schriftsteller Philippe Sollers auf der Straße getroffen, und der habe ihn getröstet: »Wo nix ist, bleibt nix.«

Ein großer Schmerz sei auch der frühe Tod seiner Eltern gewesen. Der Vater, ein erfolgreicher, politisch engagierter Anwalt, starb, als Cohn-Bendit 13 war; beim Tod der Mutter war er 17. Gegen seine Eltern musste er nie revoltieren, sie waren offene, verständnisvolle Menschen, befreundet mit Hannah Arendt und Heinrich Blücher. Cohn-Bendits Haltungen haben im Elternhaus ihre ersten Prägungen bekommen. Inzwischen ist er seit über vierzig Jahren politisch aktiv, nach dem Pariser Mai 68 engagierte er sich in der Frankfurter Spontiszene, er gab das dort beheimatete politische Stadtmagazin *Pflasterstrand* heraus, er war in Frankfurt am Main Dezernent für multikulturelle Angelegenheiten, seit 1994 sitzt er abwechslungsweise für die deutschen und französischen Grünen im Europaparlament.

»Aber immerhin«, sagt er, »immerhin hat der Verlust meiner Eltern zu meiner frühen Selbstständigkeit beigetragen.« Da sei niemand gewesen, der ihm befohlen habe, sich in der Spätpubertät zurückzuhalten, und niemand habe ihn gehindert, sein Soziologiestudium abzubrechen. Diese Freiheit habe er nicht nur als Nachteil erlebt.

Wie er eigentlich nichts, was ihm in seinem Leben widerfahren ist, als unüberwindbares Hindernis begreift. Selbstmitleid scheint weder seiner Art noch seinem Selbstbild zu entsprechen. Wenn er sein frühes Leben schildert, könnte er zum Beispiel beklagen, wie viel seine Mutter, die sehr beliebt und eine herzliche Frau war, immer arbeitete. In diesem Haus für jüdische Kinder, die auf der Flucht ihre Eltern verloren hatten, war sie für alle anderen da, aber selten für ihn. Oder er könnte beklagen, wie schlecht seinem Vater die Zeit im Exil bekam, dass er zu trinken anfing und seine Eltern sich trennten. Dass überhaupt das Hin und Her zwischen Frankreich und Deutschland ein Gefühl der Heimatlosigkeit bewirkt habe. Aber das tut Daniel Cohn-Bendit nicht. Er relativiert höchstens: »Ich kenne kein eindeutiges Heimatgefühl. Ich fühle mich an verschiedenen Orten zu Hause. Ich habe eine ausgeprägte Patchwork-Identität. Viele unterschiedliche Milieus und Mentalitäten, die auf meine Person und Positionen einwirken. Ist doch gut so.« Er lehnt sich gelassen zurück, ein Lächeln auf den Lippen.

Dass Daniel Cohn-Bendit sich selbst mindestens so mag und schätzt, wie ihn andere mögen, gibt ihm eine gute Basis, um seiner Intuition zu folgen: »Angst kenne ich kaum, das stimmt. Meine Selbsteinschätzung ist immer: Ich pack das schon.« Er erinnere sich noch gut, als man ihn angefragt habe, den *Literaturclub* des Schweizer Fernsehens zu leiten. Man habe zu Hause diskutiert und seine Frau habe große Bedenken angemeldet, ob er das denn könne, er sei doch kein Literaturkritiker, in dieser Runde seien sonst alle professionelle Leser, das könne peinlich werden für ihn. Er aber habe gerade darin eine Chance gesehen. »Nicht das Bisherige kopieren, sondern als Außenseiter etwas Neues machen. Und das ist mir ja auch gelungen.«

Er leitete den *Club* dann neun Jahre lang. Dass ihm aus der Runde auch mal vorgeworfen wurde, er unterlaufe das Niveau einer literarischen Sendung, verunsicherte ihn keineswegs: »Ich hab viele, viele Briefe etwa von Krankenschwestern bekommen, ich solle mich nicht unterkriegen lassen.« Cohn-Bendit hatte damals ein Buch der Bestsellerautorin Susanna Tamaro vorgeschlagen: »Ein bisschen Provokation war schon dabei. Denn klar kann man sagen, das ist Kitsch. Es muss ja keiner das Buch lesen, der nicht will. Aber wenn man es tut, darf man sich ruhig gehen lassen.«

Seine sentimentale Seite: Er sei grundsätzlich ein emotionaler und leicht erregbarer Mensch, sagt er. »Als zum Beispiel Obama zum Präsidenten der USA gewählt wurde, habe ich die ganze Nacht geweint.« So gerührt sei er gewesen, wie er auch im Kino und überhaupt leicht weine, und das sei ihm überhaupt nicht peinlich, im Gegenteil. Er halte das für ein Glück und eine Begabung, sich in etwas oder jemanden hineinzudenken und von einer Stimmung davontragen zu lassen.

Vom Genuss lässt er sich ebenfalls gerne leiten. Daniel Cohn-Bendit war ein Kaviarlinker, als es diesen Begriff noch gar nicht gab. Als einer der Köpfe der Pariser Studentenbewegung definierte er den Sozialismus als »Luxus für alle«. Heute tut er das als skurril ab, aber Kaviar mag er tatsächlich. Vor allem jedoch mag er Austern. Die Liebe zum guten Essen und Trinken hat ihm sein Vater vererbt, der ihn jeweils in die feinen Restaurants mitgenommen hat. Im Mai 68 nannte man ihn nicht nur *Dany le Rouge*, sondern auch *Danton*, nach dem Vorkämpfer der Französischen Revolution, der keinen Widerspruch darin sah, sich nach dem Kampf für die Verarmten und Hungernden an einen gediegen gedeckten Tisch zu setzen und aristokratisch zu speisen. »Ich bezeichnete mich damals als revolutionären Lebemann, der Leben und Revolution verbinden will, statt das Leben der Revolution zu opfern.«

Tatsächlich mied er schon in diesen jungen Jahren den unerbittlichen Jargon des harten Berufsrevolutionärs. Cohn-Bendit behauptet auch, nie einen Pflasterstein geworfen zu haben. »Meine stärkste Waffe war immer schon das Lächeln.« So charmant wie aufmüpfig. Im Herzen der Studentenbewegung verlor er seinen inneren Kompass nicht – und blieb ein Außenseiter. Er begriff sich selbst als »pragmatischen Revolutionär«, er war ein früher RAF-Gegner und linker Antikommunist. Er ist immer noch ein ungläubiger Jude. Und er ist heute ein allseits respektierter Europaparlamentarier mit Hofnarrqualitäten.

Er sucht und findet seine Nische. Dass er die Position als Außenseiter nicht nur erträgt, dass sie ihm sogar gefällt, ist sein Glück. Es ist eine Rolle, die er von Kindesbeinen an kennt. Geboren wurde er als Deutscher im französischen Exil; als er 13 war, kehrte seine Familie nach Deutschland zurück, wo er sich fühlte wie ein Franzose im deutschen Exil; als Student ging er dann wieder nach Paris, wo er *le juive allemand* war, der wegen Gefährdung der öffentlichen Ordnung des Landes verwiesen wurde.

Vielleicht schreckt er darum nicht vor Positionen zurück, die ihn auch unter seinen grünen Parteigenossen isolieren. Anfang der 90er-Jahre rannte er von Podium zu Podium und kämpfte für eine militärische Intervention in Bosnien. Er sei nie ein prinzipieller Pazifist gewesen, es gebe Situationen, wo man Tyrannei nur mit Waffengewalt beenden könne, den Bosniern müsse man helfen, das seien »Menschen von unserem Blut«. Blut, nein, er habe kein Problem mit diesem Wort, manche Deutsche hätten eines, doch er lasse sich von diesen »Panzerpazifisten« nicht ihre Auseinandersetzung mit der Vergangenheit aufstülpen. Und so weiter. Er musste büßen für diese Haltung. »Was mir manche der sogenannten politischen Freunde damals antaten, war schon hart«, sagt er. Die Details dieser alten Geschichten aufwärmen mag er nicht. Auch das habe man einfach ertragen müssen.

Er liebt den Ort zwischen den Stühlen, in der kleinen grünen Partei wie in der großen Politik. So ließ er sich als Fraktionsvorsitzender der Grünen dreimal in den Élysée-Palast einladen, was ein Teil seiner Genossen als Verrat werteten, man paktiere nicht mit dem Feind. Andererseits kam Daniel Cohn-Bendit zu einem dieser Treffen zu spät – mit der Entschuldigung, er habe noch ein Gespräch mit dem früheren Staatspräsidenten Valéry Giscard d'Estaing gehabt. Was Präsident Sarkozy derart ärgerte, dass er ihn öffentlich maßregelte.

Wollte Cohn-Bendit einfach testen, wie weit er gehen kann? Ein bisschen wie ein kleines Kind? Oder war das eine weitere Demonstration von Unabhängigkeit? »Ich weiß auch nicht, welcher Teufel mich da geritten hat. Ich gebe zu, es war ein bisschen frech«, sagt Cohn-Bendit. Und zückt dazu seine Lieblingswaffe: ein Lächeln. So wie er lächeln kann, wenn er vor eine Kamera tritt mit dieser unverwechselbaren, unauflöslichen Mischung aus Lust, Lockerheit, Engagement, Kalkül, Kontrollverlust, Geltungsbedürfnis und Provokation.

Eine Assistentin ruft jetzt durch die offene Tür zu uns herein. Sie sei daran, Briefe zu schreiben, und komme nicht weiter. Sie wisse nicht, wen duzen, wen siezen. »Duzen, duzen, duzen«, ruft er zurück, »es gibt kaum jemanden, den ich nicht duze, einfach immer duzen.«

Und in seiner Stimme liegt die gleiche Erregung, wie wenn er sich im EU-Parlament zum Rednerpult begibt. In einem T-Shirt, das die olympischen Ringe als Handschellen zeigt, hebt er die Fäuste theatralisch Richtung Kameras, um den EU-Ratspräsidenten davon zu überzeugen – vergeblich natürlich –, nicht an der Eröffnungsfeier der Olympischen Spiele 2008 in Peking teilzunehmen. Oder wenn er, der deutsche Jude, im Juni 2010 mit dringlichen Gesten dem Parlament klarmachen will, dass die EU in Gaza nicht nur vermitteln, sondern als aktive Ordnungskraft auftreten müsse: »Wer heute Israels Politik nicht kritisiert, ist kein Freund Israels.« Er kann unglaublich wütend werden: »Verdammt noch mal! Es gibt Zeiten, wo man das Räsonieren den lahmen Enten überlassen muss!«

Dabei tut er eigentlich sein Leben lang hauptsächlich dies: Er räsoniert, vor Publikum und publikumswirksam, aber er räsoniert bloß. Die Macht aber, wie sie zum Beispiel sein Freund und ehemaliger WG-Kollege Joschka Fischer hatte, der als grüner deutscher Außenminister dafür verantwortlich war, dass deutsche Soldaten im Kosovokrieg eingriffen, diese Macht hatte er nie.

Warum nicht?

»Weil ich sie nicht anstrebe. Ich wollte nie Macht, ich will Einfluss«, sagt Cohn-Bendit. Tatsächlich soll nicht zuletzt er Joschka Fischer dazu bewegt haben, die grüne Skepsis gegen Militäreinsätze im Namen der Menschenrechte aufzugeben.

Und dennoch, hat nicht, wer die Macht hat, auch mehr Einfluss?

»Soll ich als Staatspräsident der Französischen Republik kandidieren? Mal abgesehen davon, wie es um meine Chancen stünde, nein, danke. Das würde nicht mit meiner Vorstellung von einem guten Leben zusammengehen. Ich gehe gern ins Theater, ins Kino, ich lese Bücher, kommentiere Fußballspiele. Das muss alles Platz haben. Diese Vielseitigkeit macht mich ja auch für die Medien interessant.«

Glauben Sie immer noch, die Welt verändern zu können?

»Also, ich gehe nicht jeden Abend zu Bett mit dem Vorsatz, morgen will ich wieder die Welt verändern. Ich schlafe einen ungequälten Schlaf und tus einfach.«

Nicht zu vergessen die Familie. Sie sind ein leidenschaftlicher Vater.

»Jetzt ist mein Sohn ja erwachsen. Wir haben eine unverfängliche Art gefunden, den Kontakt zu halten: Nach Fußballspielen telefonieren wir und diskutieren über Fußball, das ist unser Trick.«

War es so schwierig loszulassen?

»Nun, ich war ja schon 45, als mein Sohn zur Welt kam. Ich war wohl ein bisschen *overprotective*. Wie eine jüdische

Mamme. Und ich wollte umsetzen, was ich an Erziehungs-grundsätzen im Kopf hatte.«

Was war das?

»All die antiautoritären Ideen halt. Ich habe meinem Sohn sehr wenig vorgeschrieben und keinen Druck ausge-übt. Ich wollte möglichst viel Zeit mit ihm verbringen. Ich wollte ihn aufwachsen sehen. Ich habe gemeinsame Erleb-nisse organisiert, Ferien mit anderen Familien arrangiert oder Karten für die Fußballeuropameisterschaft 2004 in Lissabon gekauft. Manchmal muss man das Glück ja auch organisieren. Ich wollte einfach, dass wir eine schöne Zeit miteinander haben.«

Dafür hat Daniel Cohn-Bendit Termine platzen lassen, ohne mit der Wimper zu zucken. Er hat mit der Auflösung der traditionellen Rollenteilung einigermaßen Ernst ge-macht: »Bei uns war die Aufteilung der Betreuungszeit so sechzig zu vierzig Prozent, ich machte vierzig.« Oft habe seine Mitarbeiterin am Morgen einen Anruf bekommen: »Ich kann heute nicht, Béla ist krank.« Oder: »Entschul-digung, ich hab ganz vergessen, dass ich heute in Bélas Kindergarten Couscous kochen muss.« Cohn-Bendit nahm den Sohn zu allen möglichen und unmöglichen Veranstal-tungen mit. Nicht immer zur Begeisterung aller: »Aber man darf keine falschen Rücksichten nehmen«, sagt er. »In meinem ganzen Leben habe ich versucht, nach meinen Überzeugungen zu handeln. Politisch wie privat.«

Und Daniel Cohn-Bendit streckt sich dazu auf seinem Sessel, so glücklich und faul wie ein Kater an der Sonne.

»Es gibt keinen Schmerz, der nicht zur Freude werden kann«

ANSELM GRÜN, 65, BENEDIKTINERPATER

Bei Anselm Grün beginnt jeder Tag gleich. Die Hausklingel des Klosters ruft um zwanzig Minuten vor fünf zur Vigil in die Klosterkirche, wo er zusammen mit seinen 89 Mitbrüdern die Psalmen rezitiert. Etwa den Psalm 118, 6: »Der Herr ist für mich, ich fürchte mich nicht; was sollten Menschen mir tun?« Oder Psalm 26, 2: »Prüfe mich, Herr, und erprobe mich, erforsche mir Nieren und Herz!«

Nach dem Chorgebet zieht Pater Anselm sich in seine Zelle zurück. Es folgt die für ihn »innigste und intensivste Zeit des Tages«, das Jesusgebet. Während fünfundzwanzig Minuten ruft er innerlich und im Rhythmus von Herzschlag und Atem immer wieder den Namen Jesu an: »Herr Jesus Christus. Jesus Christus. Jesus. Christus Jesus.« Oder: »Christus, erbarme dich unser.«

Wie gelingt es ihm, Morgen für Morgen dieses Ritual einzuhalten? Woher die Disziplin? Anselm Grün sieht das Chorgebet nicht als Härte gegen sich, sondern als »Einbindung in die Gemeinschaft«. Und im Jesusgebet trete er Gott »ungeschützt« entgegen. »Es geht um das Hineinhören in mich.« Dies sei eine Zeit der Verwandlung: »Ich gehe anders aus dieser Stille heraus, als ich hineinging.«

All seine Wünsche, Sehnsüchte, Ängste, Hoffnungen, seine Aufgaben, Sorgen und Verfehlungen hebt Pater Anselm in Gott auf. Sein ganzes Leben ist zur Vertikalen hin ausgerichtet. Und doch schützt ihn das vor nichts. Anselm Grün sagt: »Ich bin nicht immer glücklich.« Und: »Ich würde heute sicher manches anders machen.« Oder: »Wenn ich einen Bruder in Not mit meinen Worten nicht erreichen konnte, macht mich das unglücklich. Ich frage mich dann, ob ich nicht durchlässig genug war für Gott.« Oder: »Es gab oft genug Augenblicke, wo es für mich schwer war, mit meiner Einsamkeit zurechtzukommen.« Oder: »Ich spüre manchmal die Wunde, ohne Frau zu leben.« Aber er sagt auch: »Ich würde wieder Mönch werden.«

Anselm Grün ist kleiner und feiner von Gestalt, als er auf Fotos erscheint. Wenn nicht seine Mönchskutte wäre und nicht sein Bart – so lang, dass sein Träger kinn- und halslos scheint –, dann wäre er ein Mann, den man übersehen könnte. Nichts an ihm verströmt Bedeutung: Er ist in dieser Hinsicht nicht eitel. Er führt mich mit ruhigen Schritten durch die langen Korridore der Abtei Münsterschwarzach in einen schmucklosen Raum mit blassblumigen Vorhängen und blassblumigen Sitzgelegenheiten, die zeigen, dass die Zeit hier stehen geblieben ist und sich ebenfalls um modische Stimmungen nicht kümmert. Anselm Grün legt die Hände zwischen die Knie, was seiner Haltung etwas Unschlüssiges gibt; seine Stimme ist mit Zurückhaltung belegt, schwer vorzustellen, dass sie laut werden könnte; seine Rede lässt er fast immer von einem Lächeln begleiten.

Kurz: Er ist der wohl bescheidenste Bestsellerautor weit und breit. Pater Anselm ist ein 16-millionenfach gelesener Mann, dessen Bücher in 32 Sprachen übersetzt wurden und weit über 100 Millionen Euro umgesetzt haben. Wenn Anselm Grün Vorträge hält, muss der Saal mindestens 500 Personen fassen, sonst ist mit der Enttäuschung unzähliger Abgewiesener zu rechnen. Er könnte Multimillionär sein und besitzt doch nichts, denn als Benediktinermönch hat er Armut gelobt. Er könnte sich in Anerkennung sonnen, sogar Jünger sammeln, aber sein Glaube verbietet es ihm, sich über andere zu erheben. Kurz, er hat fast alles, wonach viele Menschen streben, Reichtum, Erfolg, Ruhm, und er gibt fast alles davon hin und nimmt dafür die Kutte.

Luxus zum Beispiel ist für ihn keine Sehnsucht: Mehr als sechzig Euro gibt er für sich nicht aus im Monat. Wenn er sich von den langen Fahrten zu seinen Vorträgen etwas erholen muss, setzt er sich manchmal in ein Autobahnrestaurant und trinkt einen Kaffee, seine Definition von Verschwendung. Für Kleider bedient er sich, wo sich auch seine Brüder bedienen: Im Wäscheraum des Klosters, und für Möbel hat er sowieso keinen Platz, seine Zelle ist ja nicht mal zwanzig Quadratmeter groß. Einen uralten Golf hat er noch, für seine Vortragsreisen, den wird er fahren, bis er schrottreif ist. Das ist alles. Mehr materielle Bedürfnisse hat er nicht. Als einige Mönche sich für eigene Duschen in den Zellen starkmachten, stellte sich Pater Anselm gegen den Komfort.

Und wenn er als Cellerar, also als Finanzchef, die Gelder des Klosters recht risikofreudig anlegt und im Jahr rund 10 Prozent Gewinn erwirtschaftet – mehr als ein guter Anlageberater –, so erlaubt er sich »höchstens ein Gefühl der Zufriedenheit«. Manchmal, wenn seine Wertpapiere steigen, kann er sich einer gewissen Faszination zwar nicht entziehen: »Da kann ich nicht sagen, ich bin so spirituell, mir ist das gleichgültig. Aber ich bemerke meine Eitelkeit und dass sie mich unglücklich macht, und versuche, sie klein zu halten.«

Er achtet darauf, pro Tag nicht mehr als eine halbe Stunde für das Studium der Aktienkurse zu verwenden. Geld sollte nicht den Kopf besetzen. Das mache »innerlich unfrei«, sagt er, eine Eigenschaft, die er gerade bei reichen Menschen oft beobachte. Er hingegen wolle »innerlich frei sein«.

Diese Formel wiederholt er so oft, dass sie wie eine Floskel klingt. Wie etwa auch: »durchlässig sein für Gott«. Doch die Geläufigkeit, mit der er darüber redet, täuscht. Es scheint, dass auf diesem Feld die wahren Kämpfe des Anselm Grün stattfinden.

Denn wäre die Sache vom freien, glücklichen Leben so simpel, könnte man schweigen. Aber Pater Anselm hat bisher an die 300 Bücher geschrieben, die alle um dieses eine Thema kreisen. Natürlich wiederholt er sich dabei, das will er gar nicht bestreiten, manchmal gehorche er dem Wunsch der Verlage nach Nachschub wohl etwas zu schnell, sagt er. Aber es trifft ihn, wenn Kritiker seine Werke nicht ernst nehmen und ihm zum Beispiel »weich gespülte Innerlichkeit« vorwerfen: »Das verletzt mich sehr.«

Seine Bücher tragen Titel wie *Das kleine Buch vom wahren Glück, Das große Buch vom wahren Glück, Quellen innerer Kraft, Herzensruhe, Der Himmel beginnt in dir* oder *Finde deine Lebensspur,* und sie zeigen, wie man gelassen werden kann, wenn man sich annimmt und sich vergisst, wenn man loslässt, ablässt, zulässt und sich einlässt. Diese Bücher sind Ratgeber und keine Bekenntnisliteratur. Trotzdem muss einer, der seit Jahren jeden Dienstag und Donnerstag morgens zwei Stunden lang schreibt und manchmal noch am Sonntagnachmittag, innerlich beteiligt sein und am eigenen Leib erfahren haben, was es heißt, um seinen Frieden zu ringen. Das ist in seinem Fall ein Streben, das sich nie in Erfüllung erschöpfen darf. Anselm Grün ist ein Kämpfer, auch wenn das vielleicht nicht die erste Beschreibung ist, die einem zu ihm einfällt.

In den ersten Jahren im Kloster litt er schwer unter einem kleinen Selbstvertrauen: »Ich war sehr schüchtern. Ich dachte, die anderen können besser reden, sie können alles besser.« Anselm Grün hat sich damals den Spiegel vorgehalten: »Wer bin ich? Ich bin gehemmt. Ist das schlimm? Das ist nicht schlimm. Ich muss nicht besser sein als die anderen. Ich muss mich von dieser Illusion verabschieden.« Gott half auch: »Gottes milde Augen nehmen mich so wahr, wie ich bin. Und es ist gut, wie immer ich bin, es ist gut.«

Heute habe sich die Situation dahingehend verändert, »dass andere Menschen ihre Sehnsüchte nach Perfektion auf mich projizieren«, er höre oft, er habe »diese besondere Ausstrahlung«. Anselm Grün lächelt ein Lächeln in seinem riesigen Bart. Und schiebt nach: »Da besteht die Gefahr, dass ich mich darauf ausruhe.«

Aber bewundert zu werden tut doch auch gut? »Diese Bewunderung basiert auf einer Fassade. Das ist nur oberflächlich. Meine Schattenseiten sind nicht sichtbar. Das verfälscht das Bild. Da kann ich nicht wachsen.« Weil er jede Art von Selbstmanipulation als simple Renovation der eigenen Fassade begreift, hält er auch nichts von positiver Psychologie. Der Druck, fehlerlos sein zu wollen, werde dadurch nicht ab-, sondern aufgebaut. Er findet es so wichtig wie schwierig, sich selbst zu erkennen und anzunehmen, mit allen Grenzen und Abgründen, mit der ganzen Unvollkommenheit. Immer wieder befragt er sich, versucht seine Ängste zu entlarven. Worin besteht die Angst? Fürchte ich das Urteil der anderen? Oder um mein Selbstbild, das ich ändern müsste, wenn ich mir meine Schwäche eingestehe? Wäre das so schlimm?

In seinen Büchern packt Anselm Grün seine Leser dort, wo es wehtut: bei ihrer »tiefen Angst vor der eigenen Wertlosigkeit«, bei ihren Verletzungen und Versagensängsten. Der Mensch ist ein grundsätzlich verzweifeltes Wesen – der Erlösung sehr bedürftig. Das ist die frohe Botschaft des Anselm Grün. Denn nicht »der Zwang zur Perfektion«, sagt er, sondern nur »das Eingeständnis meiner Menschlichkeit und Ohnmacht« führe dazu, dass man »innerlich frei« werden könne. Und das Wissen, dass Gott einen nie verlasse.

Früher habe er Psychologen und Manager für ganz besondere Leute gehalten, er habe in mancher Hinsicht zu ihnen aufgeschaut. Das habe sich inzwischen gelegt, aber nicht etwa wegen seines Glaubens: »Nein, da hat mir meine

Spiritualität ausnahmsweise nicht geholfen«, sagt er, lächelnd. Vielmehr hat er sich durch harte Arbeit von der Idealisierung lösen können. Er hat sich in die psychologische Literatur hineingekniet und sie mit seinen christlichen Werten verbunden. Heute führt er »mit Priestern in seelischer Not« wöchentlich sechs seelsorgerische Gespräche. Und mit seinen Ratgebern hilft er Menschen in aller Welt.

Aber er erreicht nicht nur ein Massenpublikum. Inzwischen kommen die früher bewunderten Manager zu ihm. Ihnen erteilt er an Wochenenden eine Lektion in Mitarbeiterführung. Er möchte sie mit einer »wärmenden Sprache« dafür gewinnen, eine Atmosphäre zu schaffen, in der die Leute ihren Arbeitsplatz »mit aufrechtem Gang verlassen können«. Er hofft, »dass das Wort Gottes durch mich so tönt, dass auch Manager davon berührt und aufgebrochen werden«.

Als Klosterverwalter mit einer Verantwortung für dreihundert Mitarbeiter in zwanzig Betrieben kann er werktags vorleben, was er sonntags predigt. Dabei war es ursprünglich ein Akt des Gehorsams gegenüber dem damaligen Abt, dass er 1977 die Finanzen des Klosters übernahm. Der habe ihn mit dieser Aufgabe betraut. »Schweren Herzens« hat er zugesagt. Damals stürzte ihn das »in eine große Krise«, sah er sich doch als Missionar in Asien. Heute begreift er »gerade diese weltliche, geldbetonte Aufgabe als spirituelle Herausforderung«.

Pater Anselm hat auch beim Thema Ehe »eine spirituelle Herausforderung« gefunden. Er habe gelernt, seine »Ehelosigkeit als Chance für geistliches Wachstum anzunehmen«. Sie helfe ihm, »umso intensiver Gott zu suchen und in Gott die Erfüllung meiner Sehnsucht zu finden«. Diese entschlossene, pragmatische Umformung von Körper in Transzendenz beschreibt Pater Anselm durchaus irdisch – mit Sachlichkeit in der Stimme und um die Mundwinkel: »In meiner Studienzeit musste ich mich immer wieder neu damit auseinandersetzen, ob ich auf das Leben mit einer Frau verzichten kann«, sagt er. Und: »Ich habe mich auch gefragt, ob mein Mönchsein eine Flucht vor der Frau ist.« Und: »Sich zu verlieben ist etwas Schönes. Es kann mir auch heute noch passieren. Die Frage ist, wie man damit umgeht.« Zweimal habe er sich bis jetzt verliebt. Zu mehr als Zärtlichkeiten sei es zwischen ihm und einer Frau aber nie gekommen.

Weil Sie denken, es sei im Sinne Gottes, die Sexualität zu unterdrücken?

»Mönch sein heißt ja weder die Sexualität zu unterdrücken noch sie zu verteufeln. Es heißt, sie in andere Bahnen zu lenken.«

In welche Bahnen?

»Ich sublimiere sie in meiner Arbeit. Aber Sexualität hat ja nicht nur mit dem sexuellen Akt zu tun. Ich spüre Sexualität auch im Kontakt mit meinem Leib. Auch in der Erotik ist Sexualität.«

Sie flirten?

»Es strömt manchmal hin und her, das ist wahrzunehmen.«

Das freut Sie?

»Es tut gut, ja. Für mich ist das dann auch mehr: Eine Übung, das Flüchtige zu genießen, es nicht haben zu wollen.«

Haben Sie sexuelle Fantasien?

»Ich kenne das auch. Und ich sehe Fantasien nicht als traurigen Ersatz für das nicht gelebte Leben.«

Aber warum immer sublimieren, warum nicht auch mal probieren?

»Weil ich als Mönch nicht halten könnte, was ich verspreche. Es würde bedeuten, dass ich die Frau für meine Lust benutze. Das wäre gegen die Menschenwürde.«

Sexualität müsse in einer festen Beziehung stattfinden, sagt Pater Anselm, »also auf menschenwürdige Weise«. Wenn diese Bedingung erfüllt sei, habe er auch kein Problem mit Homosexualität: »Diese ist Veranlagung. Eine Veranlagung ist keine Sünde und muss deshalb auch nicht therapiert werden.«

Anselm Grün antwortet klar und geradeheraus. Auch die offizielle Haltung seiner Kirche schränkt ihn nicht ein. Diese Direktheit ist er seiner Liebe zur Wahrheit schuldig. Keine Frage scheint ihm peinlich zu sein. Also frage ich noch einmal: Vermisst Pater Anselm nichts?

»Sexualität nicht. Aber nach Zärtlichkeit sehne ich mich schon manchmal«, sagt er.

Und was macht er mit dieser Sehnsucht?

»Ich bin ja befreundet mit Frauen. Manchmal gibt es eine kleine Umarmung. Oder ich umarme mich selbst.« Auch solches sagt Anselm Grün lächelnd.

Dabei ist ihm wohl bewusst, dass sein Leben einen friedlicheren Verlauf genommen hat als das der meisten seiner Altersgenossen. Um 1968 herum studierte er Theologie in Rom. Die Studenten in Berlin verabschiedeten sich vom Tisch der »verbürgerlichten Alten« in den Schneidersitz der WGs und gaben sich dem Glanz der Revolution hin. Zur selben Zeit saß Anselm Grün im Studiensaal der päpst-

lichen Benediktinerhochschule Sant' Anselmo und beschäftigte sich mit einer Befreiung ganz anderer Art: Er
dachte über die *Erlösung durch das Kreuz bei Paul Tillich*
nach, so der Titel seiner Abschlussarbeit. Es beschäftigte
ihn, wieso das Kreuz zum Symbol des Christentums
werden konnte, was der grausame Tod Jesu am Kreuz mit
Erlösung zu tun hat. Seine Antwort? Gott vermag alles zu
verwandeln, es gibt nichts, was er in seiner Liebe nicht
verwandeln könnte. Grün formuliert das so: »Es gibt
keinen Tod, der nicht zum Leben führt, keinen Schmerz,
der nicht zur Freude werden kann. Es ist die Liebe bis zur
Vollendung, die Liebe, die alles Gegensätzliche in mir ein-
schließt.«

Und genauso betrachtet Anselm Grün sein Leben: Alles,
was ihm, Anselm, als Nachteil, Hindernis oder Bedrückung
erscheint, wendet sich zum Guten und wird ihm zur Stärke.
Er sei »voller Vertrauen auf Gottes Weg«.

Nur: Wie gerät man auf Gottes Weg? Im Fall von Pater
Anselm begann dieser mit dem ersten Tag. Er wurde in
eine geschlossene Welt geboren und lebte die ersten 26
Jahre ein lückenloses Leben. Damals hieß er noch Willi.
Sein Umfeld war tief religiös. Er wuchs neben einer Kirche
auf, mit frommen Eltern und sechs frommen Geschwis-
tern. Er hatte einen Vater, der »eigentlich das Mönchsein in
sich trug«, wie Anselm sagt, und jeden Tag zur Messe ging.
Bei Tisch wurde gebetet. Willi war Ministrant wie alle
seine Brüder. Priester waren etwas Ehrenvolles in der Welt
von Lochham bei München. So hatte Willi schon im Alter
von zehn Jahren eine Berufung: Priester wollte er werden.

Mit 13 kam er ins Internat nach Münsterschwarzach,
wo bereits ein Onkel als Mönch lebte, eine Nonne in der

Verwandtschaft machte ihren Einfluss ebenfalls geltend. Willis Ordenspriesterwünsche sollten wachsen, gefährdende Einflüsse wurden von der klösterlichen Tante und dem klösterlichen Onkel mit gezielten Lektürevorschlägen abgewehrt. Willi Grün widmete sich seinen Exerzitien. Er war sehr jung, 19 Jahre alt, als sein Entschluss gefasst war, für immer ins Kloster einzutreten und sein künftiges Leben ohne Frau, ohne Kinder, ohne Sexualität, ohne Besitz, ohne Eitelkeit und Eigennutz zu leben. Seither ist sein Name Anselm.

Die Frage, ob er diesen Entschluss heute wieder so fassen würde, bejaht er zurückhaltend: »Ich kann nicht sagen, dass es verkehrt war, sich so früh auf ein Ziel auszurichten.« Und: »Natürlich habe ich mit 19 Jahren noch nicht übersehen, was der ehelose Weg mit sich bringt.« Aber: »Im Nachhinein trauere ich dem frühen Eintritt nicht nach, ich denke nicht, dass ich viele Erfahrungen in der Welt versäumt habe.«

»Es war sicher ein Nachteil, dass die Atmosphäre rein kirchlich war«, sagt er heute über seine Zeit in Rom. Aber andererseits habe er dort während vier Jahren jeden Tag 150 Seiten gelesen, alles, Psychologie, Literatur, Philosophie, das hat ihn zu einem gebildeten Mann mit einem reichen Zitatenschatz gemacht: »Dafür bin ich dankbar.«

Eigentlich hätte er ja Missionar in Asien werden wollen. Aber heute ist es für ihn »eine große Freude, den Menschen hier die Herzen für die Botschaft Jesu aufzuschließen«.

Eigentlich hätte er ja wissenschaftlicher Theologe werden wollen, aber für seine Aufgabe als Cellerar musste er noch ein Jahr Betriebswirtschaft studieren.

Eigentlich. Es ist ein Wort, das groß im Leben von Anselm Grün steht, aber nie größer werden konnte als sein blindes Vertrauen auf Gott. Die größten Kämpfe liegen jetzt hinter ihm, das sei die glücklichste Zeit seines Lebens, sagt Pater Anselm, und auf seinem Grabstein solle einmal stehen: »Er hatte ein weites Herz.«

»Ich hatte den Tsunami um mich und in mir«

KATHRIN MESSNER, 65, DIREKTORIN DER ONE WORLD FOUNDATION (OWF)

Kathrin Messner hat zwei Naturkatastrophen überlebt: den Tsunami im Dezember 2004 und den Tod ihres Mannes vor eineinhalb Jahren. In diesem Österreichisch, das so weich ist und jeden Schrecken rundet, erzählt sie, was diese Erfahrungen mit ihr gemacht haben.

Über die Flutwelle, die in zwanzig Minuten ihre in zwanzig Jahren aufgebaute Schule für sri-lankische Kinder total zerstört hat, kann sie inzwischen leichter reden als über »das unendliche Loch«, das da ist, wo früher der Mensch war, der während 31 Jahren an allem teilnahm, was ihr Leben ausmachte. Seine Hosen und Anzüge hängen noch, wo sie hingen, als er lebte. »Ich habe es heute Morgen wieder nicht geschafft, sie wegzugeben«, sagt Messner. Sie spricht von »der auratischen Kraft, die

Gegenstände haben können«. Die Kunstinstallationen Christian Boltanskis kamen ihr in den Sinn, als sie sich ihr Versagen zu erklären suchte: Boltanski stopfte einen Raum voll mit getragenen Kleidern. »Und«, sagt Messner, »das war eine sehr dichte Ausstellung, da konnte man eine große Energie spüren.«

Es passierte an einem Sonntagnachmittag. Kathrin Messner ging mit ihrer Tochter und ihrem Enkelkind spazieren. Als sie wieder nach Hause kam, lag ihr Mann auf dem Bett und war tot. »Aus heiterem Himmel. Er war 52 Jahre alt und gesund, und wir hatten noch so viele Pläne. Unser Leben war gerade ein bisschen entspannter geworden, wir konnten etwas besser durchatmen, denn es war früher doch auch sehr anstrengend. Und dann, ja – Gehirnblutung. Josef hat sich von einem Moment auf den anderen verabschiedet.«

Bis heute kennt Kathrin Messner Tage, an denen sie dieses Ereignis nicht fassen kann und der Verlust abstrakt bleibt: »Es ist einfach so unvorstellbar.« Natürlich habe sie gewusst, er kommt nicht wieder. Und doch war ihr der Geliebte in der anfänglichen bleiernen Trauer weder tot noch fern. Sie litt unter seiner starken Präsenz in ihrem Kopf und unter der tiefen Verletzung, die sein Verlust ihr bereitete. Sie erzählt von Halluzinationen. Sie saß in ihrer riesigen Wohnung in Wien und hörte seine Schritte. Sie saß im Büro und hörte seine Schritte. Immer wieder hörte sie seine Schritte.

Die Asche wurde nach Sri Lanka gebracht, so hatte er das in seinem fünf Jahre zuvor geschriebenen Testament gewünscht. Im Garten der Bogenvillya, ihres Gästehauses, wurde er nach buddhistischer Art begraben, ganz in Weiß.

Wo er begraben wurde, wächst jetzt ein Baum. Nach den Halluzinationen verschlug es Kathrin Messner die Sprache. So drückte sich ihr unendlicher Schmerz aus. Sie erinnert sich, wie sie mit einer Freundin unter den Palmen saß und etwas sagen wollte. »Und ich schaffte es nicht, es ging nicht, ging einfach nicht.« Die Beerdigung mit vielen Freunden war wichtig. Ihre Einsamkeit sei zwar nicht verschwunden, sagt Kathrin Messner, und doch habe sie nicht alleine Abschied nehmen müssen. Als alle Freunde und Bekannten nach Hause gegangen waren, habe sie gespürt, dass sie in ihrem Leben jetzt »eine weitere Seite zum Umblättern« habe.

Verwüstung. In ihr sah es jetzt so aus, wie ihre Schule nach dem Tsunami ausgesehen hatte. Schon damals hatte sie erlebt, wie unversehens der Tod zuschlagen kann und wie hilflos man ihm ausgeliefert ist. Der Tag hatte wunderschön angefangen, es war Weihnachten. Messner, ihr Mann und Freunde aus Österreich saßen im Garten ihres Gästehauses, etwa hundert Meter vom Meer entfernt, als eine Mitarbeiterin kam und ganz aufgeregt sagte, das Wasser komme so weit herein. Sie waren nicht sonderlich beunruhigt, schauten aber nach.

Die erste Welle hinterließ viele tote Fische. Die Menschen aus dem Dorf gingen daraufhin an den Strand und lasen die Tiere zusammen, Eltern mit ihren Kindern. Dort wurden sie von der zweiten Welle überrascht, der großen, alles verheerenden. Kathrin Messner sagt, dass sie dieses Geräusch niemals vergessen werde: »Die Angstschreie der Menschen, die sich mit dem Toben des Wassers vermischten, schlimm, ganz schlimm, ganz schlimm.« Sie flohen ins Landesinnere.

Zum Glück war kein Unterricht, dachte Messner, als sie vor den Trümmern ihres Schulhauses stand, und: »Was bedeutet das? Was soll das bedeuten?« Dieses Land hatte Jahrzehnte unter einem grässlichen Bürgerkrieg gelitten, unter diktatorischen Herrschern, die Mehrheit der Bevölkerung lebte in Armut. Und jetzt wütete auch noch die Natur. Kinder waren verschollen, Eltern wurden vermisst, überall Verletzte, Obdachlose und Tote. Messner suchte nach Zurechtlegungen. Sie musste sich eingestehen, dass sie für das, was da geschehen war, keine Zurechtlegungen fand. Und dies war schwer auszuhalten. »Die Erfahrung, dass von einem Augenblick auf den anderen nichts mehr so weitergeht, wie man dachte, prägt sich ein.«

Schock ist für die Stimmung danach ein zu kleines Wort. »Die Menschen waren krank vor Angst, dass nochmals eine Welle kommen könnte«, sagt Messner. Einzig der Nachtwächter sei bei ihnen geblieben, aber auch er zitternd. Eine Decke von Traurigkeit und Verzweiflung habe sich auf alle gelegt. »Die Leichtigkeit war weg.« Es kam zu Plünderungen. Auch bei ihnen im Gästehaus, von dem nur der untere Stock zerstört war, sei ein Lastwagen vorbeigekommen und ein Mann habe all ihre Möbel eingeladen. »Ich sagte dann mit ganz strenger Stimme, dass er alles wieder ausladen müsse. Das hat er gemacht.«

Messner erinnert sich an die grauenvollen Zustände in den Zeltlagern für die Obdachlosen, an die Krankheiten und an die vielen bis heute traumatisierten Menschen. Und sie kann den Leichengestank und den Schreckensgeruch in der Luft beinahe wieder riechen. Die Angst nach dem vergangenen Grauen habe sich hartnäckig eingenistet. Diese fürchterliche Flutwelle sei nicht so schnell verschwunden, wie sie sich zurückgezogen habe. Für alle, die sie überlebt hätten, gebe es ein Leben davor und eines danach, sagt Messner.

Zerstörung und Verzweiflung stehen ihr immer noch vor Augen. Und sie erinnert sich daran, wie verwirrend es war, als die Kräfte sich wieder regten. »Wie sehr die Menschen sogar in der Dunkelheit doch das Positive suchen«, sagt sie. Ein Land lag in Trümmern, nur die Statuen der meditierenden Buddhas blieben vielerorts unversehrt. »Das war für viele Menschen unglaublich, an diesem Bild haben sie sich aufgerichtet«, sagt Messner.

Sie denkt zurück an den Tag nach der Verheerung, als sie Radio hörte. »Und plötzlich war da diese wunderschöne Musik, Mozart, glaube ich. Reines Glück. Dass es das gibt, so etwas Wunderbares, dachte ich. Zum ersten Mal habe ich bewusst wieder Kunst wahrgenommen.«

Und sie erlebte an den Menschen um sich herum und an sich selbst, welche Energien eine Katastrophe freisetzen kann. Der Wiederaufbau sei ja doch sehr beschwerlich gewesen. »Aber man schaute einfach vorwärts.« Dass für ihre Schule Gelder aus Europa flossen, aus Wien vor allem, half. Und natürlich half es sehr, dass sie einen Mann an ihrer Seite hatte, mit dem sie ihre Ängste und Zweifel und Freuden teilen konnte.

Josef Ortner war ursprünglich Künstler, Messner arbeitete in einer Kunstbuchhandlung, da haben sie sich kennengelernt. »Von allem Anfang an war ganz stark spürbar, dass wir uns schlicht gut verstehen, Gefühle, Ideen, Haltungen, Körperlichkeit, alles, was dazugehört. Es war ein Phänomen.«

Nach seinem Tod flüchtete sich Messner in die Arbeit. »Das hat mir sehr gutgetan«, sagt sie. Die Arbeit machte sie manchmal sogar richtiggehend glücklich, weil sie sehen konnte, dass viele Dinge gediehen, die sie zusammen aufgebaut hatten. »Und dieses Glück hält an. Wenn ich alles ganz dunkel sehe, dann muss ich nur in die Schule gehen und die Kinder erleben, und meine Stimmung hellt sich auf.«

Seit 1983 verbringt Messner ihre Zeit abwechselnd in Wien und Sri Lanka, zwei Monate hier, zwei Monate dort. Sie ist sehr zufrieden mit diesem Arrangement. Sie hat zwei Leben, die sie mit Mails und Skype verwebt. »Und diese beiden Leben ergänzen sich sehr schön und sinnvoll.« Sie sei hier wie dort, und dennoch sei der Ort, wo sie gerade nicht sei, meist sehr weit weg.

»In Wien empfinde ich mich als zerrissener und mehr abgelenkt.« Aber dort habe sie auch viele Freunde und das kulturelle Angebot sei reich. In Sri Lanka beginnt sie jeden Tag mit Yoga, ernährt sich ayurvedisch, »also leicht und bekömmlich«, und liest viel. Neben der Arbeit verbringt sie die meiste Zeit mit sich selbst.

Seit dem Tod ihres Mannes wurde Sri Lanka auch als Rückzugsort wichtig. Das Alleinsein dort fällt ihr leichter als das Auskunft-geben-müssen, das von ihr in Wien verlangt wird. »Wenn ich von Freunden eingeladen werde, weiß ich, dass ich wieder stark sein muss, weil das Gespräch automatisch auf Josef kommt. Und dann steigt alles wieder hoch, und die Gedanken drehen sich im Kreis.« Sie sei an solchen Abenden und den folgenden Nächten jeweils maßlos in ihren Erinnerungen, was sie ermatte und überreize.

In Wien ist Messner Teil der Kunstszene. Sie arbeitet für

das museum in progress, einen Verein, den sie und ihr Mann gegründet und aufgebaut haben, um der Kunst neue Räume zu erschließen. Dank ihrem Engagement stellten Erwin Wurm, Matthew Barney, Anselm Kiefer, Douglas Gordon oder Jenny Holzer ihre Arbeiten in Zeitungen und Magazinen aus, auf Plakatwänden oder auch auf dem eisernen Vorhang der Wiener Staatsoper. Ihr Projekt ist ein Erfolg, trotzdem fällt ihr diese Arbeit nicht leicht: »In der Kunstwelt erinnert alles an Josef. Da wird er wieder sehr gegenwärtig.«

Vor 27 Jahren war ihnen beiden Wien zu einem »etwas engen Ort« geworden, den sie zeitweilig hinter sich lassen wollten, weil sich Glück für sie nicht in fließend Wasser, warm und kalt, erschöpfte. Sie hatten eine kleine Erbschaft gemacht, mit der sie etwas Neues aufbauen wollten. Sie suchten in den USA, und sie fanden an der Westküste Sri Lankas das Fischerdorf Wathuregama: »Es war Liebe auf den ersten Blick, so warme und runde Menschen, die Landschaft, so vielfältig und unberührt, das glaubt man gar nicht, dass es das noch gibt.«

Inmitten von Palmen, Platanen und Pandanusbäumen, neben Lagunen und einem fast menschenleeren Sandstrand bauten sie ihr Gästehaus, die Bogenvillya, mit zehn Zimmern. Sie wollten eine sanfte, nachhaltige Form von Tourismus ermöglichen, die allen Seiten hilft und Verständnis schafft. Die *one world foundation*-Idee, mit den Einnahmen der Bogenvillya eine Schule zu finanzieren, brauchte zehn Jahre, bis sie umgesetzt werden konnte, so viele Hürden gesetzlicher Art und so viele Missverständnisse mussten überwunden werden. 1995 war es endlich so weit. Ende 2004 war die Schule wieder dem Erdboden gleich gemacht. Und heute unterrichtet bereits der eine oder andere ehemalige Schüler die inzwischen über tausend Kinder.

Seit dem Tod ihres Mannes leitet Kathrin Messner die Projekte in Wien und in Sri Lanka alleine. »Wir haben in unserer Beziehung darauf geachtet, dass keiner den anderen erdrückt und jeder genügend Raum hat, sich zu entwickeln, das hilft mir jetzt.« In der ersten Zeit nach seinem Tod führte sie ein permanentes Zwiegespräch mit ihrem Mann. Sie wusste genau, wie er reagieren würde, etwa auf eine Enttäuschung durch einen Mitarbeiter. Aber jetzt wächst die zeitliche Distanz, und sie führt die Dialoge immer mehr mit sich selbst: »Er entfernt sich irgendwie«, sagt Messner. Das sei ein Fortschritt, in den sich aber auch Wehmut mische. »Es scheint fast so, als ob er in meinen Erinnerungen blass werden muss, damit ich weiterleben kann.«

Kathrin Messner hat gelesen, dass das erste Jahr nach dem Tod eines geliebten Menschen das schmerzhafteste sei. Danach lerne man, die schweren Gefühle einzuordnen und ihnen einen Platz zu geben. »Ich versuche, seinen Tod hinzunehmen.« Aber sie erlebt sich nach eineinhalb Jahren immer noch auf einer Berg-und-Tal-Fahrt. »Dabei habe ich von Anfang an bewusst versucht, mich der Negativspirale zu entziehen. Denn noch trauriger als sein Tod wäre ja, wenn ich auch noch daran zerbrechen würde.« Vom Alkohol hat sie die Finger gelassen und auch von Schlaftabletten, obwohl die Nächte das Schlimmste waren. Sie wollte sich nicht aufgeben. Sie durfte sich nicht aufgeben, weil so viel Verantwortung an ihnen beiden gehangen hatte und jetzt halt an ihr allein.

Sie hat sich dabei verändert. Gelassener sei sie geworden, sagt sie. Und manchmal erscheine ihr das Leben noch lebenswerter angesichts ihrer Begegnungen mit dem Tod. Kleine Querelen des Alltags könne sie meist mit einem Schulterzucken hinnehmen. Sie versuche immer noch, dem Leben mit Leidenschaft zu begegnen. »Doch diese gewisse innere Distanz zu allem werde ich nie mehr ablegen können.«

»Das wahre, heilige, große, leuchtende Leben«

ANNELIES ŠTRBA, 63, KÜNSTLERIN

Annelies Štrba hat einen Freund, der für sie fast ein Heiliger ist: »Er steht über allem, ihm kann nichts passieren.« Er ist über siebzig Jahre alt und war sein Leben lang Knecht. Er wurde von Bauern als Einrichtung zum Lastenziehen und Grasmähen behandelt und beschimpft, doch von seiner Seite fiel nie ein böses Wort. Auch drei Hüftoperationen konnten ihm das Leben nicht schwer machen. Als Štrba in ihrem Atelier einmal Besuch von einem Bankdirektor erhielt, lud sie auch den Knecht ein, denn Status sei ihm vollkommen egal, sagt sie. Ein Mann, den weder Demütigungen noch Erwartungen aus der Ruhe bringen. »Nichts lenkt ihn davon ab, vollkommen zufrieden zu sein mit dem, was ist«, sagt Štrba über ihren Freund.

Gegen Umstände aufzubegehren erachtet auch sie als

vergeblich, also verlegt sie die Revolution nach innen. Annelies Štrba hat lange, blonde Haare und sehr blaue Augen. Sie sitzt in ihrem pinkfarbenen Kleid im von Pinktönen belebten Wohnzimmer ihres Hauses in der Zürcher Gemeinde Richterswil. Sie lebt zwei Leben, im einen versteigt sie sich in geheimnisvolle Fantasien, das andere ist von konkreten Aufgaben erfüllt. »Eines würde ich ohne das andere nicht aushalten«, sagt Štrba.

Ordnung und eleganten Chic um sich herum fordert sie nicht. Eine Zeichnung von Balthus und eigene Bilder hängen groß an der Wand, aber neben ihnen steht ein mindestens so auffälliger Schrank mit Bauernmalerei und allerlei Krimskrams. Der jüngste von sechs Enkeln ist zu Besuch, er geht hier ein und aus wie auch seine beiden Geschwister, die zusammen mit der Mutter und Großmutter unter einem Dach wohnen. Die zweite Tochter wohnt mit ihren Kindern in Basel, der Sohn ebenfalls in Štrbas Nähe. Nach unserem Gespräch hat Štrba mir eine Mail zugeschickt: »Ich glaube, echtes Glück ist für mich, wenn ich mit meinen Enkeln zusammen bin, das habe ich jetzt gerade ganz deutlich gespürt. Alles andere ist nicht so wichtig!!!«

Kinder seien immer ihr Glück gewesen, sagt Štrba, sie seien »das Reale mit allem Drum und Dran«, sie habe immer gut arbeiten können, wenn Kinder um sie herum gewesen seien, das habe sie entspannt, ein Leben ohne Kinder – unvorstellbar. Sie verbindet mit ihnen Wärme, Enge und Nähe: »Schlafen zu dritt, viert, fünft in einem kleinen Bett, das ist für mich ein Bild für Familie.«

Es gibt unzählige Fotografien in Štrbas Werk von ihren schlafenden Kindern. Auf bloßen Matratzen liegen sie da, Körper an Körper, inmitten von Decken und Katzen und den unaufgeräumten Spuren des Tages. Štrba sagt, sie hasse gängige Familienfotos und liebe es selbst gar nicht, fotografiert zu werden. Fotografie als Dokumentation interessiere sie nicht, Fotografie lüge. Wenn sie die Kamera in die Hände nehme, versuche sie, ihre inneren Bilder sichtbar zu machen.

Ob manche das dann Kunst nennen, sei ihr heute eigentlich egal, sagt sie. Obwohl: Sie wollte an der Welt der Kunst schon als Mädchen teilhaben. »Immer schon waren Künstler für mich etwas Besonderes. Sie strahlen etwas Extremes aus.« Also heiratete sie mit zwanzig Jahren einen Schmuckkünstler und erfüllte sich damit einen Kindheitswunsch. Daran, selbst Künstlerin zu werden, habe sie nicht gedacht, sagt sie.

In ihrer Ehe galt eine klare Rollenteilung. Er lebte seine Freiheiten aus, sie war für die Kinder und den Haushalt und das Überleben zuständig. Štrba hat all die gewaschenen Unterleibchen nie gezählt und nie die Geschirrberge, die sie in ihrem Leben abgetragen hat: »Ich machte das einfach. Ich hatte nie das Gefühl, dass mir das schadet. Die Verantwortung gab mir einen Boden unter den Füßen.«

Als die Kinder klein waren, mussten sie mit wenig Geld auskommen, »bei jedem Joghurt überlegte ich, ob wir uns das auch leisten können«. Štrba selbst stammt aus einer Arbeiterfamilie, als Kind war Verschwendung für sie keine Möglichkeit; diese frühe Einschränkung gab ihr jetzt Freiheit, das wenige Geld konnte ihr keine Angst einflößen. »Geldmangel macht kreativ«, sagt sie. Jeden Samstag um fünf Uhr morgens fuhr sie mit ihren Kindern nach Zürich auf den Flohmarkt, am Abend brachte sie manchmal 150, manchmal 200 Franken nach Hause.

In Štrbas Augen waren ihre Kinder wunderschön gekleidet, lange Röcke, spezielle Kombinationen. Aber sie waren
offenbar auch so anders gekleidet als die anderen Kinder,
dass eines Tages der Schulpsychologe vor der Tür stand.
Ihr Mann habe da geredet und geredet, »ich sagte kein einziges Wort«, sagt Štrba.

Bis heute verhalten sie und ihr Mann sich in Konflikt-
situationen verschieden. Er ist streng bis autoritär, sie
schweigt oft. »Ich passe mich einfach an. Sonst hätten wir
viel Streit. Auch mit den Kindern. Wenn meine Tochter zu
mir sagt, es reicht jetzt, du hast schon genug Vorhänge,
sage ich nichts. Am Ende hängen die Vorhänge trotzdem.«

Štrba empfindet diese äußere Biegsamkeit als Schwäche
und als Stärke, die ihr viel Neues erschlossen hat. Sie gab in
ihrem Leben häufig nach: »Vielleicht, weil ich Angst hatte,
bei Ungehorsam nicht mehr geliebt zu werden.« So ging
sie mit ihrem Mann nach London auf Punkkonzerte, sie
begleitete ihn auf extreme Bergtouren, sie übernachtete in
Hütten mit der Mistgabel neben sich – falls der Bauer
käme. Ihr Mann hatte gerne Gäste, sie kochte. Als er einmal
LSD nahm, nahm sie es auch. Er schlug einen Purzelbaum
nach dem anderen auf der großen Wiese, sie beherrschte
sich, jemand musste bei Trost bleiben, denn schließlich
waren auch die Kinder auf dieser Wiese. All diese Welten
waren nicht die ihren, sie hatte immer Angst vor Kontrollverlust, aber sie ließ sich einbinden, so fasziniert wie dis-
tanziert. Mit einem Freund fing sie an zu meditieren, mit
einem jungen Freund ging sie zu Technopartys, da war sie
schon fünfzig Jahre alt.

Gerade bei Frauen hat Štrba oft beobachtet, dass sie sich
selbst fahren lassen zugunsten der Kinder oder Männer.

Das sei auch nicht verwerflich. »Einer ist ja meist der Schwächere in einer Beziehung, und derjenige, der sich unterwirft, verliert seinen Eigensinn und seine Freiheit«, sagt sie. Nur müsse man dann eines Tages auch wieder an sich denken. »Die Ehe ist ein guter Rahmen, um Kinder aufzuziehen, aber danach sollte jeder wieder machen, wie er oder sie will.«

Sie hat danach gehandelt. Als die Kinder erwachsen waren, nahm sie sich eine eigene Wohnung. Später kaufte sie ein Haus, ohne es jemandem zu sagen. »Es war mein Geheimnis. Und es war eine absolute Befreiung. Sehr einschneidend. Ich schloss die Türe hinter mir, und keiner konnte mir mehr sagen: *Deine Schritte sind zu laut,* oder: *Lass das Wasser nicht so lang laufen.*« Als ihr Mann dann eines Tages sagte, dass er für soundso viele Wochen nach Japan gehe, fasste sie sich ein Herz und sagte leichthin: »Ach, ich gehe auch gerade. Ich habe ja jetzt eine Wohnung.« Sie stellte ihn vor vollendete Tatsachen.

Annelies Štrba könnte ihr Leben als Emanzipationsgeschichte erzählen, doch das tut sie nicht, weil sie sich ihre Freiheiten gerne unbemerkt rausnimmt, sodass sich keiner beraubt fühlen muss. Nach unserem Gespräch schreibt sie diese Mail: »Ich finde es wichtig zu sagen, dass es mein Glück war, einen so guten Freund als Mann zu haben, der mir diese Freiheit erlaubte, so aus dem Alltagsleben auszubrechen, in das *wahre, heilige, große, leuchtende Leben, das tanzte und lachte,* wie Fanny zu Reventlow das ausdrückte.«

Mehrmals fällt während des Gesprächs der Name der Schriftstellerin, Malerin und Chronistin der Münchner Boheme. Er ist ein Hinweisschild auf Annelies Štrbas zweites Leben, auf ihre innere Welt, in der sie sich immer schon frei und stark fühlte und die für sie ein mindestens so großes Gewicht hat wie die sogenannte reale Welt.

Neben den Romanen der Brontë-Schwestern, neben D. H. Lawrence und dem Leben Lou Andreas-Salomés habe vor allem Fanny zu Reventlow bei ihr Sehnsüchte geweckt. »Ihre Tagebücher waren meine Bibel.« Diese Gräfin, die ein außergewöhnlich begabtes, lebendiges, schwer erziehbares Kind gewesen sei und ausbrach, wo immer sie konnte. Die einen Sohn hatte, dessen Vater sie nie bekannt gab, die die Geliebte von Rainer Maria Rilke war und von Ludwig Klages, die sich vielen Männern an den Hals warf und oft verlassen wurde, die so amüsante wie mitleidlose Romane schrieb und mageres Geld verdiente mit Übersetzungen und die 1918 einsam und verarmt im Alter von 47 Jahren in Locarno starb. Fanny zu Reventlow führte in einer von patriarchaler Moral durchsetzten Gesellschaft ein selbstbestimmtes Leben mit allen Konsequenzen, mal war es die Hölle und mal der Himmel, und dies beeindruckte Annelies Štrba außerordentlich: »So also könnte man auch sein. Sich verausgaben ohne Netz und doppelten Boden und ohne Angst. Alles aufgeben für etwas Größeres.«

Die Begegnung mit Reventlow hat Štrbas Fantasiewelt genährt. »Und je älter ich wurde, desto mehr ließ ich zu, dass Sachen in mein Leben gelangen, welche die Fantasien real werden lassen.« Heute hat Annelies Štrba Freunde, die um einiges jünger sind als sie, sie pflegt Brieffreundschaften, sie lässt sich ein auf Welten von Menschen, die sie »innerlich ansprechen«. Fast alle sind unverheiratet und beruflich selbstständig, »Künstlertypen halt«, sagt Štrba.

Bei der Wahl, wem sie sich zuwendet, sucht sie nach Zeichen, die ihr Leben mit demjenigen des anderen »in einem tieferen Sinn zusammenfügen«. Zum Beispiel seien fast all ihre Freunde im Sternzeichen des Steinbocks geboren. Oder: Ihre Großeltern hätten sich auf derselben Straße in Richterswil kennengelernt, auf der sie auch ihren Mann zum ersten Mal getroffen habe. Oder: Einer der wichtigen Männer für Fanny zu Reventlow hieß Adam. Eines Tages habe auch sie, Štrba, und wieder auf dieser Dorfstraße in Richterswil, einen Adam kennengelernt, einen polnischen Flüchtling. »Das war für mich wie ein Wunder. Etwas unglaublich Romantisches, Geheimnisvolles.«

Štrba reiste dann zusammen mit ihrem Mann nach Polen, nach Kattowitz, dahin, wo ihr Adam herkam. Mitte der 80er-Jahre sei das eine Stadt gewesen, in der die Sonne nicht schien. Hunde lagen wegen Bleivergiftung tot auf der Straße, alle Kinder husteten, und jeden Tag sah Štrba Särge mit Kohlebergwerksarbeitern vorbeifahren; in den Zeitungen beiläufige Berichte von beiläufigen Morden. Štrba und ihr Mann suchten Adams Tante. Keine Straßenlaterne wies ihnen den Weg. Alle Häuser waren am Zerfallen. Das Treppenhaus war baufällig. Bröckelnder Putz, der scharfe Geruch von Urin. Aber plötzlich öffnete sich eine Tür, und es wurde hell und warm. Die Wohnung bestand aus zwei winzigen Zimmerchen, die mit Liebe und überbordender Sorgfalt eingerichtet waren, überall weiße Spitzentücher. Die Tante lächelte und führte sie zum Tisch, auf dem Kristallgläser um die Wette glitzerten und Essen im Überfluss sie willkommen hieß. Nach der Hölle draußen sei ihr diese bescheidene Wohnung mit dieser freundlichen Frau eine Verkörperung von Glück gewesen, sagt Štrba.

Einen großen Teil ihrer Kindheit habe sie in der katholischen Kirche verbracht, sagt sie. Sie war magisch angezogen von Kerzen, Rosenkranz und Weihrauch. Wann immer die Kirche leer war, ging sie hin. »Da konnte ich meine Visionen ungehemmt laufen lassen«, sagt Štrba. Abtauchen in eine eigene Sphäre, sich geborgen fühlen, fernab von anderen Kindern. Ein anderer magischer Ort war ihr eine Höhle im Wald, von der nur sie wusste: »Ein Geheimnis, das mich glücklich machte.«

Heute ist Annelies Štrba eine international erfolgreiche Künstlerin, die von sich sagt: »Ich bin mir selbst treu geblieben.« Sie sei dem Zufall dankbar, der die richtigen Leute im richtigen Augenblick zu ihrer Arbeit geführt habe. Aber sie glaubt, dass sie auch ohne die öffentliche Anerkennung ihre inneren Bilder ans Licht geholt hätte, ihre Sehnsüchte, Träume, Ängste und Erinnerungen, das ganz Flüchtige und Ewige. Heute, sagt sie, hebe sie quasi ihr ganzes zweites Leben in den Traumlandschaften ihrer Kunst auf. »Noch nie bin ich innerlich so frei und so zufrieden gewesen.«

»Mit jedem Mann öffnete sich mir eine neue Welt«

CATHERINE MILLET, 62, AUTORIN

Wenn jemand weiß, was Sex mit Glück zu tun hat, dann Catherine Millet, denn sie hat mit der ganzen Welt geschlafen. Vor mir steht eine Frau mit mütterlicher Ausstrahlung: ausladender Rock, blumige Bluse, Perlen um den Hals. Catherine Millet lächelt, zeigt dabei ihre Zähne, und aus einem ihrer Bücher weiß ich, dass diese früher sichtbar schlecht waren und jetzt unauffällig sind, weil sie auch einmal auf dem Stuhl eines Zahnarztes landete, und der behandelte sie, nachdem sie ihn nicht nur an ihre Zähne gelassen hatte. Sie macht eine einladende Bewegung. Catherine Millet wohnt, wie man sich das von der Chefin der renommierten Kunstzeitschrift *art press* vorstellt: von Kunst umgeben.

Langsam bewegt sie sich durch die Räume, wobei das nichts Aufreizendes hat, es ist nur so, dass sie mit ihren

62 Jahren kein hüpfendes Rehlein mehr ist. Und übrigens nie war. »Ich habe meinen Körper immer als schwer empfunden«, sagt sie später. Aber auch, dass sie sich ohne Kleider immer sicherer gefühlt habe als mit, denn »Nacktheit ist für mich wie eine Uniform«.

So fühlte sie sich keineswegs missbraucht, als ihr Mann, der Fotograf und Schriftsteller Jacques Henric, die Aktbilder, die er von ihr gemacht hatte, veröffentlichte: »Er zeigte nur, wie ich meinen eigenen Körper sah: als Objekt.«

Solche Aussagen mögen wie eine Provokation klingen, aber Catherine Millet fühlte sich tatsächlich nie als zerbrechliche, verwundbare Pflanze, die von den Männern gebraucht oder gedemütigt werden könnte. In diesem Sinne war sie auch nie eine Feministin. »Dass es Frauen gibt, die Opfer von sexueller Ausbeutung und von Vergewaltigung sind, war ja schon in den 70er-Jahren nicht neu, ebenso wenig, dass andere Frauen sich nicht als Opfer verstehen.«

Sie war sich nie zu fein, um mit einem Mann ins Bett zu steigen. Sie wollte »weder verführt werden noch verführen«. Das Gefühl, begehrt zu werden, suchte sie nicht. »Ich legte auch nie besonders viel Wert auf Zärtlichkeit oder Gespräche davor und danach.« Was im Zuge der Emanzipation als spezifisch weibliche Sexualität entdeckt wurde, interessierte sie nicht. »Mir hat der Mythos von der Sexualität als Bestie nie Angst eingejagt«, sagt sie. Denn sie hatte eine Methode gefunden, die Bestie zu zähmen.

Millet macht Espresso, den wir stehend an der Küchenbar trinken mit Blick auf einen Teil einer Skulptur von César. Das ganze 520 Tonnen schwere Werk konnte man 1995 auf der Biennale in Venedig sehen, im von Catherine Millet kuratierten französischen Pavillon. Auf dem Fensterbrett sitzt Lulu, die Katze. Lulu kann jederzeit in den Innenhof. Dort gibt es auch andere Katzen. Catherine Millet lebt zwar mitten in Paris, im angesagten 12. Arrondissement, aber diese paar Häuser, wo sie und ihre Freunde wohnen, »andere Intellektuelle«, wie sie sagt, sind eine Festung der Ruhe. Seit über dreißig Jahren wohnt Millet hier, das klingt nach viel Stabilität in einem sonst aus der Norm ausscherenden Leben.

In ihrem Buch *Das sexuelle Leben der Catherine M.* beschreibt sie sich als eine Frau im permanenten sexuellen Hungerzustand. Sie erzählt, wie sie ihren Körper jedem offerierte, der ein Bedürfnis danach hatte, wie sie sich durch Orgien und auf Schreibtischen räkelte, auf Parkettböden, Parkplätzen und unter Satindecken und auch im Bois de Boulogne, immer auf der Suche nach Lust. Mit mehr als tausend Männern will Catherine Millet geschlafen haben.

»Ich beschäftige mich im Moment gerade mit den Gnostikern«, sagt sie und erzählt, dass Anhänger dieser religiösen Lehre oft eine große Verachtung für den Körper gehabt, zugleich aber ein sehr ausschweifendes Leben geführt hätten. Diese Geringschätzung kenne sie auch, sagt sie, sie habe sich in ihrem Körper lange nicht zu Hause gefühlt. Sie sei kein tanzender, schwimmender Mensch, nicht einmal Auto fahren könne sie, zu ungeschickt. Für die Gnostiker aber habe der Körper ganz einfach nicht gezählt, also hätten sie mit ihm alles machen können, ohne sich selbst zu verlieren oder sich dafür bestrafen zu müssen. »Ich finde das interessant«, sagt Catherine Millet. Sie glaubt, dass die katholische Trennung von Körper und Geist, die Vorstellung vom Körper als vorübergehender Behausung für den Geist, sie sehr geprägt hat.

Man darf es sich mit Catherine Millet nicht zu einfach machen. Sexsucht aus einem körperlichen Minderwertigkeitsgefühl heraus – diese Schablone passt nicht auf ihr Leben. Denn Millet empfindet ihre Sexualität als eine befreite. Sie sieht es als das Verdienst ihrer Generation, die Sexualität von einer Doppelmoral erlöst zu haben. Ihre Eltern hielten ihre Geliebten noch voreinander verborgen und die Fassade der ehelichen Treue aufrecht. Von solchen Zwängen war sie von allem Anfang an frei. Nicht ein einziges Schuldgefühl konnte sich in ihrem Innersten einnisten: »Das war einfach so. Das lag wohl an der Zeit.« Nie hat sie sich für ihr Sexualleben verteidigt, nie suchte sie die Billigung der anderen für ihr Tun, sie kam gar nicht auf die Idee. Sie hat ihre sexuellen Abenteuer gegenüber ihren Freunden nicht verschwiegen, sie hat auch nicht damit geprahlt.

Millets Erklärung für ihre Unersättlichkeit liegt in der Natur des Sex selbst: »Sexuelle Lust ist vorbei, wenn sie vorbei ist. Danach muss man wieder bei null anfangen. Man kann nichts aufbauen.« Mit der Liebe sei das ganz anders: »Liebe kann wachsen und inniger werden. Mit der Zeit, mit gemeinsamen Erlebnissen.«

Wobei Millet beim Sex vor allem ein intellektuelles Glück empfand. Ihr Ziel sei Kontrolle gewesen: »Die Männer glaubten, ich sei ihnen ergeben. Dabei schaute ich dem Treiben zu, wie wenn ich in einen Spiegel schaue, von außen. Ich war die Beobachterin, die Analytikerin. Ein bisschen wie eine Spionin. Ich liebte das. Ich liebte das wirklich sehr.«

Und was brachte ihr diese Distanz?

»Stolz. Ich glaube, ich empfand Stolz dabei.« Ihr Blick auf den Akt war ein Blick von oben herab. Darin lag ein

Triumph über den eigenen Körper, mit dem sie sich über eine interesselose, kalte Beobachtung verbunden hatte. »Ich bin grundsätzlich ein sehr kontrollierter Mensch«, sagt sie. Diese Eigenschaft habe sie auch beim Sex aufrechterhalten, da erst recht.

Aber ist das nicht ein armseliger Genuss? Millet legt den Kopf ein bisschen zur Seite: »Na ja. So bin ich wohl. Schon in der Schule. Ich war eine sehr gute Schülerin. Auf dem Pausenplatz wollte ich das Sagen haben. Sonst war ich schlechter Laune.«

Und die körperliche Lust am Sex, Orgasmen und so weiter, kennt sie gar nicht?

»Doch. Wobei ich meinen ersten Orgasmus tatsächlich viel später hatte als meine erste sexuelle Erfahrung. Ich denke, dass wirkliche sexuelle Erfüllung selten ist. Selten und überraschend.«

Catherine Millet hat inzwischen auf dem Sofa Platz genommen, die Beine geschlossen sitzt sie da, die Schultern ein bisschen hängend. Und ihr Geist sucht munter nach einer weiteren Erklärung für ihr üppiges sexuelles Leben: »Neugier«.

Sex war für sie eine Türe in andere Leben. »Mit jedem Mann öffnete sich mir eine Welt.« Mit Sex konnte sie ihr kleinbürgerliches Vorleben in Bois-Colombes abstreifen wie eine Schlange ihre Haut. Millet sah in Wohnungen hinein, deren Türen ihr sonst verschlossen geblieben wären, sie begegnete Luxus, Langmut und allen möglichen Denkweisen und merkte sich Pointen, Stellungen, Zwischenfälle. Und als der Verleger ihres Mannes diesen einmal beiläufig fragte, ob er nicht jemanden wisse, der über Sex schreiben könnte, sagte ihr Mann: vielleicht meine

Frau. Erst da wurde ihr klar, dass sie sich zu Studienzwecken auf all diese Abenteuer eingelassen hatte, für ein Buch. *Das sexuelle Leben der Catherine M.* erschien 2002, war ein großer Erfolg und hat das Leben der Catherine Millet insofern verändert, als dass sie jetzt mehr Geld hat. Und sie sich ermutigt fühlte, ihrem Ausdrucksdrang ein weiteres Mal nachzugeben: Ihr zweites Buch, *Eifersucht*, beschreibt die Jahre zwischen ihren zahllosen Affären und dem Heute, wo sie monogam lebt. »Nicht aus Prinzip, sondern einfach weil es sich im Moment so ergeben hat.«

Seit Jahrzehnten ist sie schon mit ihrem Mann zusammen. Sie hatte ihre Nebenbeziehungen, er seine, sie redeten nie darüber. Sie wussten einfach davon, und das war kein Problem. Bis Millet eines Tages das Foto einer nackten Frau auf seinem Schreibtisch liegen sah. Da wurde sein außereheliches Leben plötzlich konkret für sie. Und gleichzeitig merkte sie, dass sich ihre eigene Sexualität veränderte.

Eifersucht sei eigentlich ein Buch über die Schwierigkeiten, älter zu werden, sagt sie. Sie sei wohl weniger auf seine Abenteuer eifersüchtig gewesen als darauf, dass er noch welche hatte und sie keine mehr haben mochte. Dass Millet in den Büchern ihres Mannes plötzlich Einflüsse von anderen Frauen wahrnahm, dass sie ihre »Position als erste Muse« also offensichtlich verloren hatte, war zusätzlich ein großer Schmerz.

»Ich war jetzt plötzlich ein Klischee. Eine ältere Frau an der Seite eines Mannes, der Spaß mit jüngeren Frauen sucht.« Und obwohl sie bis heute der Meinung ist, dass Sex und Gefühle etwas gänzlich Verschiedenes und klar zu trennen sind, fing sie an, ihren Mann auszuspionieren. Sie durchsuchte seine Briefe, machte ihm Szenen, überall sah sie Zeichen seiner Seitensprünge, sie war besessen von dieser Idee; Millet sagt, es sei wohl auch der Kontrollverlust gewesen, den sie irgendwie genossen habe: »Ich hätte nie gedacht, dass ich überhaupt in der Lage bin, mich meiner Hysterie so hemmungslos hinzugeben. Dass ich das zulassen kann, war eine Entdeckung, wenn auch eine zweischneidige.«

Catherine Millet sagt, sie habe ihre Qualen offengelegt, um sich nicht weiter mit dieser Seite ihrer Person beschäftigen zu müssen: »Denn es ist eine sehr hässliche Seite.« Und weil sie das Paradox liebt, sagt sie auch noch: »Obwohl sich meine Bücher immer um mich drehen, schreibe ich nicht, um zu wissen, wer ich bin, sondern um mich zu verwandeln. Ich zerrede mich, sozusagen. Wenn ich über mich geschrieben habe, bin ich schon wieder eine andere.«

Nun weiß natürlich auch Catherine Millet, dass man seine Vergangenheit nicht einfach ungeschehen machen kann. Aber ihr Leben kreist tatsächlich um die Suche nach Freiheit, um den Versuch, sich unabhängig zu machen. Sie sagt: »Man muss etwas tun für seine Freiheit.« Und: »Frei zu sein, das ist harte Arbeit.« Und sie zitiert ihren Freund Alain Robbe-Grillet, der gesagt habe: »Je älter man wird, desto freier ist man.«

Ich frage, wovon sie sich denn befreien musste, von sexuellen Schuldgefühlen doch jedenfalls nicht, oder? »Oh, da gibt es eine ganze Menge«, Catherine Millet lacht und seufzt gleichzeitig, »das ganze Leben ist doch ein Kampf um Freiheit.«

Catherine Millet hatte einen Vater, der nur seine Jagdzeitschrift las, und eine sehr belesene Mutter mit vielen ungelebten Träumen und großer psychischer Labilität. Die Eltern stritten sich durch ihre ganze Kindheit. »Ich floh nach Paris, ohne Geld und mit ein paar vagen Illusionen von Kunst und so.« Wäre sie vernünftig gewesen, wäre sie bei ihren Eltern geblieben, hätte studiert und wäre Lehrerin geworden. »Aber«, sagt sie, »man muss die Träume seiner Kindheit auch als Erwachsener weiterträumen und darf die Risiken nicht messen.«

Als sie 24 war, starb ihr geliebter Bruder bei einem Autounfall, wenig später beging ihre Mutter Selbstmord. »Das war ein unermessliches Leiden, verbunden mit unermesslichen Schuldgefühlen.« Sie beruhigte sich damit, dass eine Ärztin ihr im Vorfeld versichert hatte, ihre Mutter sei nicht gefährdet, doch sie machte sich Vorwürfe, weil sie am Tag des Selbstmordes den Leiter einer psychiatrischen Klinik getroffen hatte, um mit ihm zu besprechen, ob ihre Mutter eingewiesen werden müsse, und die Mutter hatte davon gewusst. »Ein Selbstmord zeigt den Angehörigen immer, dass sie nicht nah genug waren.« Millet ließ sich von ihrem schlechten Gewissen erschüttern und begriff die Tat der Mutter als eine Art Aggression gegen die Tochter. Sie stürzte sich in die Arbeit, wie sie das immer tat und heute noch tut: »Ich arbeite, um mich zu vergessen.« Andere hätten Hilfe bei ihren Freunden gesucht. Sie sagt: »Ich kümmere mich zu wenig um Freunde. Bei mir geht die Arbeit immer vor.«

Auch in der Arbeit musste sie sich ihren Weg freischaufeln. Die Kunstzeitschrift, die sie gründete, hatte einen langen, zähen Start. Heute kann Catherine Millet als Chefredakteurin auch unpopuläre Positionen vertreten, sie hat sich eine Autorität in der Kunstwelt erarbeitet, die ihr das erlaubt.

Und dann der bisher letzte große Befreiungsakt: die Überwindung der Eifersuchtsgefühle. »Wobei die Eifersucht rein sexueller Natur war. Angst, dass Jacques mich verlassen könnte für eine Jüngere, hatte ich nie. Auf den Gedanken kam ich gar nicht.« Sie macht eine Pause und schüttelt leise den Kopf. »Ich muss ja wirklich sehr stolz sein«, sagt sie dann und lacht laut. Sie kann richtig laut lachen. »Und vielleicht hilft mir da auch wieder meine katholische Geringschätzung für den Körper. Ich kann mir einfach nicht vorstellen, dass man für eine schöne Hülle eine geistig so anregende Person verlassen könnte. Das erscheint mir geradezu absurd.«

Catherine Millet bedient das Klischee der Pariser Intellektuellen nur insofern nicht, als dass sie die damit verbundene Arroganz mit freundlicher Selbstironie serviert.

Ich frage sie, wofür sie lebe. »Um zu arbeiten. Und wenn ich zufrieden bin mit meiner Arbeit, dann feiern Jacques und ich das am Abend mit einer guten Flasche Wein.« Eigentlich habe sie erst jetzt gelernt, die guten Dinge des Lebens zu genießen, sagt sie, und dass diese Zeit deshalb die beste ihres Lebens sei.

»Mut bereut man nie«

LILO WEBER, 58, TANZKRITIKERIN

Lilo Weber hat die vergangenen acht Jahre in London gelebt und ist eben erst in die Schweiz, wo sie aufgewachsen
ist, zurückgekehrt – nicht freiwillig. Nach der Krise der
Zeitungen konnte sie sich als freie Journalistin das Leben
im teuren London nicht mehr leisten. Nun muss sie sich
beruflich neu erfinden. Und dies in einem Alter, in dem
andere die Jahre bis zur Pensionierung absitzen. Sie steckt
in einer Lage, die man als aussichtslos beschreiben könnte.
Doch Lilo Weber kann sich Zuversicht verordnen.

   »Eine unglückliche Situation so umzuwerten, dass ich
wieder eine Zukunft sehe, darin bin ich schnell«, sagt sie.
Und: »Ich glaube, die für mich guten Sachen geschehen
ohnehin unbeabsichtigt.« Sie sagt diese Worte nicht leicht
dahin, sondern mit großer Entschiedenheit.

1999 stand Lilo Weber mit einem Freund am Huangpu-Fluss in Schanghai und sagte: »Ich habe beruflich alles erreicht, was ich mir von meinem Leben wünschte, ich könnte jetzt sterben.« Am 4. September 2002 stand sie abermals am Ufer eines Flusses, diesmal war es die Themse. Weber hatte sich für sechs Monate beurlauben lassen, weil sie mit einem Atelierstipendium für London ausgezeichnet worden war. Das Wasser floss unaufhaltsam an ihr vorbei, sie wiederholte gegenüber einem anderen Freund den Satz aus Schanghai und fügte hinzu: »Und was, wenn ich nicht sterbe?« Am Tag darauf erhielt sie per Mail die Kündigung.

Sie hatte nie mit einer Kündigung gerechnet. »Ich glaubte immer, dass auch belohnt wird, wer eine gute Leistung erbringt.« Sie war von ihrer Leistung überzeugt und bekam auch keine anderen Signale. Dass das Lobbyieren in eigener Sache mindestens ebenso wichtig sein könnte, war ihr ein fremder Gedanke. Und so war sie von allen zeichnenden Redakteuren bei der Zeitung die erste, die im Zuge einer Sparmaßnahme entlassen wurde.

Sie könne nun entscheiden, wurde ihr mitgeteilt, ob sie freigestellt werden oder die dreimonatige Kündigungsfrist noch in der *Neue Zürcher Zeitung* absitzen wolle. Im ersten Moment wollte sie sofort nach Zürich zurück. »Die Vorstellung, dass ich von dem Ort, der sieben Jahre lang das Zentrum meines Lebens gewesen war, nicht mal Abschied nehmen kann, hat mich umgeworfen«, sagt Weber. Sie heulte einen Nachmittag lang. Aber am Abend beschloss sie: »Ich bleibe hier.« Hatte sie nicht seit Wochen nach Wegen gesucht, in London bleiben zu können? Nun war die Gelegenheit da. Sie sagt von sich, sie sei träge. »Ein

Vogel, den man aus dem Nest werfen muss, damit er fliegen lernt.« Ein Satz, den sie eher zu sich als über sich sagt.

Doch eine Kündigung ist mehr als das Ende alter und der Anfang neuer Gelegenheiten. Es ist immer auch eine Kränkung. Warum gerade ich?, fragen sich die meisten und geraten, oft ohne Grund, ins Hadern. Lilo Weber nicht: »Diese Frage stellte ich mir gar nicht erst. Ich nahm die Kündigung nicht persönlich. Sie war für mich eine Chance zur Veränderung, da konnte ich doch nicht auch noch grollen. Im Grunde hat man mir einen Gefallen getan, so sah ich das.« Dabei hatte sie sich sehr mit ihrer Arbeit identifiziert, vielleicht zu sehr.

Aber Glück ist in Lilo Webers Augen Einstellungssache. Also war sie es sich und ihrem Glück schuldig, nagende Fragen nicht zuzulassen. Dass ihr das gelang, ist erstaunlich. Erklärungen finden sich in ihrer Vergangenheit. Sie habe sich oft verändern und anpassen müssen, und sie wisse, dass sie kämpfen könne, sagt sie.

Ihre Mutter arbeitete in einer Fabrik, ihr Vater ebenfalls, »wenn er nicht gerade wieder mal beschloss, nur noch Musiker zu sein«. Ihre Eltern hatten wenig Zeit für sie, sie pendelte hin und her zwischen dem Haus ihrer Eltern und dem ihrer Pflegeeltern, was ihr gefiel. »Ich glaube, das hat mich geprägt. Diese Beweglichkeit. Ich will mich nicht nur an einem Ort zu Hause fühlen können.«

Weber war eine gute Schülerin, aber ein Studium oder erst recht ein Doktortitel waren in ihrem Elternhaus unvorstellbar. Sie musste sich gegen Widerstände behaupten und den Umweg über eine Lehrerausbildung gehen: »Die Hindernisse stachelten meinen Ehrgeiz an. Ich liebe schwierige Herausforderungen, auch intellektuelle. Und ich lerne gerne immer wieder Neues.« Der Einstieg in den Journalismus nach dem Studium und der Promotion in Germanistik sei perfekt gewesen für sie, weil da ihre Neugier, Genauigkeit und Formulierungslust gut aufgehoben gewesen seien. Und die Anstellung als Kulturredakteurin bei der *NZZ*, dem Zentralhirn der aufgeklärten Schweizer Bürgerlichkeit, war auch eine Bestätigung. Es war für sie eine Traumstelle, die ihr zufiel, ohne dass sie etwas dafür getan hätte. Sie liebäugelte mit einer Anstellung bei einer anderen Zeitung, als die *NZZ* ihr die Mitarbeit als Tanzkritikerin anbot. Es folgten Jahre mit unzähligen Reisen und unendlich vielen Theaterbesuchen. Sie liebte die Abende vor einer Bühne.

»Eigentlich muss man im Leben vor allem eines lernen: loszulassen«, sagt Lilo Weber. Alles andere sei fakultativ. Das Leben sei ein fortwährendes Abschiednehmen, zuerst von der Kindheit, dann von der Jugend, Eltern müssten ihre Kinder loslassen, Kinder ihre Eltern und so weiter. Wenn sie dieses Loslassen mit einer gewissen Härte von sich verlange, dann auch, weil es ihr immer noch schwerfalle.

»Ich bin ja ein unglaublich treuer Mensch«, sagt sie. Sie lasse Menschen nicht gerne aus ihrem Leben verschwinden, sie pflege ihre Freundschaften, sie hänge ihr Herz an Städte und an Tiere oder Tätigkeiten. Diese Anhänglichkeit verstelle ihr manchmal den Blick. »Ich laufe dann Gefahr, zu wenig offen für Neues zu sein und nicht früh genug zu erkennen, wo ich mich vergeblich abmühe.«

In Liebesdingen etwa. Von manchen Männern habe sie sich zu viel bieten lassen, da hätte sie früher reagieren müssen. Aber auch im Beruf. Aus London arbeitete sie als freie Journalistin noch während Jahren auch für die Zeitung, die sie hinausgeworfen hatte. Das ging lange gut und war auch finanziell einträglich. Als den Zeitungen im Zuge der Krise dann aber das Geld ausging und die freien Journalisten immer weniger und immer schlechter bezahlte Aufträge bekamen, sei es für sie zu spät gewesen, um gelassen nach einer neuen Nische zu suchen.

Sie harrte dennoch in London aus und lebte von ihren Ersparnissen. »Ich war verliebt in diese Stadt, absolut verliebt.« Die Größe, Großzügigkeit, die Vitalität, die Probleme, sie fand alles interessant. Sie sei manchmal stundenlang durch die Straßen gelaufen. Vorher habe sie geglaubt, zum Glück gehöre Kontrolle, das Gefühl, Herrin der Situation zu sein. London habe sie Gelassenheit gelehrt. »Da kannst du eigentlich nur als Buddhist überleben.« Denn es funktioniere nichts und am Ende doch alles. »Man weiß, dass die U-Bahn jederzeit in einem Tunnel stecken bleiben kann, also hat man immer ein Buch dabei. Man richtet sich ein. Man schickt sich.«

London ist eine Singlestadt, also nahm auch sie diesen Lebensstil an, obwohl sie es nicht gewohnt war, alleine zu wohnen. Sie entdeckte für sich die Freiheit, keine Rücksicht nehmen zu müssen. Sie entdeckte, dass es ihr Spaß machte, alleine in eine Bar oder ins Restaurant zu gehen. Und sie entdeckte eine neue große Liebe: den Tango.

Sie schwärmt vom Gang dieses Tanzes. »Dieses sanfte und doch bestimmte Liebkosen des Bodens mit den Füßen, die Spannung in den Beinen, das Ungebändigte und das Gezähmte, die kontrollierte Leidenschaft.« Sie liebe diese Momente, wenn man in den gemeinsamen Bewegungen mit einem Partner zugleich ganz bei sich selbst sein könne. Und in jedem Tangoschritt liege auch die

Sehnsucht, das Unerfüllte. »Vielleicht spricht dieser Tanz mich auch deswegen so an: weil er einen nie an ein Ende kommen lässt. Man ist immer auf dem Weg.«

Irgendwann jedoch wurde die Rückkehr in die Schweiz unausweichlich. Lilo Weber lebt nun seit einigen Monaten im Haus eines langjährigen Freundes, vor sich den Bodensee. Und doch fällt es ihr schwer, ihre Bücher auszupacken, weil damit der Abschied von London so endgültig wird. Es fällt ihr schwer, sich daran zu gewöhnen, für ein Brötchen 15 Minuten gehen zu müssen. Und nicht zuletzt macht ihr die hiesige Tangoszene zu schaffen. »In London waren meist zu viele Frauen da, also zogen die Männer von Frau zu Frau. Und die Frauen, die gerade nicht am Tanzen waren, hielten zusammen einen Schwatz, es ging meistens lustig zu und her. Hier wird man als ungebundene Tänzerin von den anderen Frauen misstrauisch beobachtet. Die Schweizer Tangoszene besteht zum größten Teil aus Paaren. Wenn du keinen Partner hast, musst du dir über eine Börse einen suchen. Jetzt such mal als 58-jährige Frau einen Tangotänzer.«

Ausgerechnet in ihrer neuen Leidenschaft begegnet sie wieder dem Engstirnigen, das sie vor acht Jahren hinter sich lassen wollte. Auch sonst befremdet sie manches an ihrem neuen Leben. Sie sehnt sich nach der Stadt. »Ich bin kein Landei, wirklich nicht.« Sie stellt fest, dass sie im Herzen eine Nomadin geworden ist, dass sie dazu neigt, das Stabile und Eingerichtete mit Stillstand gleichzusetzen. Im Gegensatz zu ihrem Freund, der sehr sesshaft geworden sei. Er sei großzügig ihr gegenüber, aber sie finde es fast bedrohlich, zu Hause herumzusitzen. Für sie war es nie eine Frage, ob Frauen arbeiten oder nicht, auch weil ihre Mutter immer gearbeitet hat.

»Vielleicht fällt es mir einfach schwer, das, was jetzt anfängt, als Abenteuer zu sehen«, sagt Weber. »Und vielleicht liegt das weniger am Bodensee und weniger an den Tangotänzern hier als an mir und vor allem an meinem Alter.« Natürlich mache sich das als Erstes äußerlich bemerkbar. Sie sei ein visueller Mensch. Schönheit sei für sie wichtig. Sie finde es gar nicht so einfach, vom Bild Abschied zu nehmen, das sie von sich selbst habe und das um einiges jünger sei als sie selbst. Sie habe sich angewöhnt, sich im Spiegel ohne Brille zu betrachten.

Doch kaum sagt sie das, arbeitet sie auch schon wieder an ihrer eigenen Zuversicht. Vor acht Jahren sei sie nicht ganz aus freien Stücken in London geblieben, sagt sie, und es sei eine anstrengende, intensive und großartige Zeit geworden. Jetzt sei sie nicht aus freien Stücken zurückgekehrt, aber vielleicht werde sie auch dafür eines Tages dankbar sein, denn in London alt werden wollte sie nie.

Sie sei nicht die Person, die Veränderungen und Karriere plane. Sie schreibt auch kaum Bewerbungen. »So kriegt man auch weniger Absagen. Irgendwann wird es schon klappen.« Sie kann sich vorstellen, wieder als Lehrerin zu arbeiten. Oder, als ehemalige Theater- und Literaturkritikerin und Expertin für Tanztheater, im Bereich des Kulturmanagements. Sie verlangt Offenheit von sich. »Ich strebe gerne nach dem Besten. Das ist ja auch gut. Aber ich weiß, dass ich die Tendenz habe, ausgerechnet das zu wollen, was ich nicht haben kann. Ein bisschen wie der Hans im Schneckenloch. Da muss ich aufpassen.«

Unter Existenzängsten leidet sie nicht, weil sie weiß, dass sie mit wenig auskommen kann: »Man passt seine Wünsche an. Ich muss nicht unbedingt in die Ferien fahren. Ich brauche guten Tee, gutes Futter für meine Katzen und ein bisschen Geld, um abends in den Ausgang gehen zu können. Damit sind meine wichtigsten Bedürfnisse gedeckt.« Und noch eins brauche sie: ein Ziel vor Augen und die Hoffnung auf Neues. »Das setzt Energien und Kreativität frei. Ohne Leidenschaft ist man tot.« Lilo Weber ist überzeugt, dass man im Rückblick nie Mut bereut, sondern nur fehlenden Mut.

»Die anderen sind reich, und ich bin legendär«

BLIXA BARGELD, 51, BLIXA BARGELD

Es gibt Bilder von Blixa Bargeld aus den 80er-Jahren, auf denen posiert er mit fadendünnem Körper, Rattenfrisur, trotzig-düsterem Blick und eingesogenen Wangen, die keine breitere Freundlichkeit zulassen gegenüber der Welt, nicht mal ein Grinsen. Er schlief damals in besetzten Häusern und neben voll gepissten Joghurtbechern. Musik? »Höre mit Schmerzen, wir schlagen dich tot«, drohten er und seine Band, die Einstürzenden Neubauten. Sie machten Krach mit dem, was ihre Umgebung und die Müllhalden hergaben: mit Vorschlag- und Presslufthämmern, mit Kreissägen, Betonmischern, Bohr- und Schleifmaschinen, mit Ketten, Sägen und Einkaufswagen, einmal ging die Bühne in Flammen auf. *No future* war der Slogan der Zeit. Speed war Bargelds täglich Brot. In seinem Umfeld wurde gerätselt, wie lange er es noch machen werde, so kaputt sah er aus. Aber Blixa Bargeld hat überlebt. Wie überlebt einer das Überleben, der jahrelang an seiner Selbstzerstörung gearbeitet hat?

Blixa Bargeld interessiert sich für alles und redet über alles, nur nicht über Blixa Bargeld. Auf jeden Fall nicht so, wie man sich das wünscht: geradeaus, die Fülle seines Lebens Revue passieren lassend. Er verrät sich, indem er sich entzieht, so virtuos wie konsequent.

Unsere Begegnung in einem netten Restaurant in Berlin-Mitte, das waren zweieinhalb zivilisierte und ernsthafte Stunden, die meinen Zitatenschatz und die Vorstellungskraft bereicherten, zum Beispiel in Sachen Dinosaurier: »Es könnte auch farbige und singende gegeben haben«, sagt Blixa Bargeld.

Aber man werfe ihm eine persönliche Frage hin, zum Beispiel, ob er glücklich sei. Es folgt eine Pause, ein Seufzer, dann die Ausführung, dass man Glück nur retrospektiv begreifen könne und nur als Punkt, ohne zeitliche Ausdehnung, ein Gedanke von ihm von 1977. Denn wenn man sagen würde, man sei glücklich, könne man genauso gut sagen, man sei tot, da Glück als Zustand voraussetzen würde, dass man einer Veränderung keine Chance mehr gebe. »Doch um Veränderung geht es, immer«, sagt Bargeld. Arthur Rimbauds *Ich ist ein anderer* muss Blixa Bargeld für sich erweitern. »Ich ist schon wieder ein anderer«, diese Aussage treffe sein Lebensgefühl komplett. Folgerichtig ist ihm auch »Identität« suspekt, er bevorzuge den Begriff »Alterität, der denkt mit, dass die Konstruktion von Identität auf Ausgrenzung und Abgrenzung angewiesen ist.«

So redet Blixa Bargeld. Jeder Satz offenbart Hochachtung für Hochkultur. Er vertont ja auch Goethe, war Gastdozent

an der Wiener Schule für Dichtung und Teil von Theater-
projekten mit Werner Schwab, Heiner Müller und Peter
Zadek. Er hält sich an die Sprache, an Philosophie, Wissenschaft, Kunst, kurz: an Bildung. Er kostet all die Spiele, Mas-
ken, Rechtfertigungen, Denkbewegungen, Schönheiten aus,
die sie zur Anverwandlung bereitet. Dies scheint eine seiner
Überlebensstrategien zu sein.

Seine Person sei von seiner künstlerischen Arbeit nicht
zu trennen, sagt er weiter, er, Blixa Bargeld, sei sein eigenes Kunstprodukt, er habe sich selbst institutionalisiert.
Auch das Beharren darauf, seine eigene Schöpfung zu
sein, scheint ihm beim guten Überleben zu helfen. So baut
er sich auf, so stellt er sich aus. Blixa Bargeld, das ist Kunst,
Stil, Stilisierung. Nie sah er sich einfach als drogenabhän-
giges Wrack, vielmehr zitiert er Yello-Musiker Dieter Meier,
der gesagt habe, dass »die Verbindung von Leben und
Kunst sehr ungesund« sei, und, sagt Blixa Bargeld, »diese
sehr ungesunde Verbindung habe ich sehr lange sehr intensiv betrieben«. Dabei war Blixa Bargeld nicht kaputt, er
hat sich »kaputt *inszeniert*«. Eine Unterscheidung, die Distanz zu sich selbst voraussetzt und die Möglichkeit bietet,
Schwäche in Stärke, Zerstörtheit in gewollte Zerstörtheit
zu verwandeln. Entsprechend sagt er, es sei ihm verhältnis-
mäßig leichtgefallen, von den Amphetaminen loszukom-
men: »Irgendwann langweilte mich das. Da war es Zeit für
etwas Neues.«

Das Leben in den Griff zu kriegen scheint für Blixa Bargeld ein Kleines zu sein im Vergleich zum wahren Problem:
das Leben erzählerisch in den Griff zu kriegen. Denn wir
leben, um Geschichten zu erzählen, sagt er, und wir erzählen uns Geschichten, um zu leben. Er selbst habe sich

x-mal neu erfunden. Mit einer linearen Geschichte könne man ihm nicht beikommen, unmöglich.

Tatsächlich fällt es schwer, die Bilder von ihm aus den frühen 80-Jahren in dem Mann wiederzufinden, der da in dunkelblauem Anzug und blauem Hemd vor mir sitzt, mit wachem Blick in einem soliden Gesicht, das er ab und zu von einer Haarsträhne befreien muss, damit er den guten Weißwein trinken kann; er hätte dazu gerne Oliven gehabt, gibts aber keine mehr. Von draußen hört man eine Polizeisirene, die Demonstration gegen die Sparpläne der Bundesregierung ist offenbar bis hierher marschiert; Blixa Bargeld selbst hat einen weiten Weg zurückgelegt, ja, wenn »Weg« nur nicht das falsche Wort wäre, weil eben zu linear.

»Episoden kann man vielleicht erzählen«, sagt er. »Aber eigentlich gefällt mir das Wort *Vignette* noch besser, das in der empirischen Sozialforschung eine kurze, in sich abgeschlossene Szene bezeichnet.«

Geboren also als Hans Christian Emmerich. Wuchs als Ältester von vier Kindern in einer von den Nationalsozialisten gebauten Sozialsiedlung auf, an einer kilometerlangen Straße. »Am einen Ende dieser Straße konnte man in Form der Stadtautobahn das Wirtschaftswunder nach dem Krieg erleben, am anderen Ende lag die Insula, inzwischen ein Erdhügel, eigentlich aber einer von Berlins Trümmerhaufen aus dem Zweiten Weltkrieg.« Dazwischen die Siedlung, deren Erstbewohner amerikanische Soldaten waren. Bargelds Mutter arbeitete in der Kantine der Amerikaner, durch diese Verbindung kam die Emmerich-Familie nach Berlin-Friedenau. »In eines jener gleichförmigen Häuser mit vier Stockwerken, vor jedem Stockwerk ein kleiner Vorgarten, vor dem Vorgarten ein Bürgersteig, vor dem Bürgersteig Bäume. Winzige Wohnungen. Dahinter ein großer Hof, von dem ich bis heute eine Karte zeichnen könnte mit jedem einzelnen Müllkübel und jedem Busch von anno dazumal, so sehr hab ich das alles intus«, sagt Bargeld.

Hatte er eine glückliche Kindheit?

»Das würde ich so nicht sagen.«

Warum nicht?

»Das Gute war, dass ich zum Spielen Geschwister hatte. Mein Vater war keiner, der sich gut ausdrücken konnte. Also hat er rumgebrüllt. Bei uns zu Hause wurde rumgebrüllt. Wir waren arm. Und mit Ausnahme von mir sind alle meine Geschwister immer noch arm. Das hat keinen Vorteil, nur den: Reichtum kann mich weder beeindrucken noch schockieren. Ich bin jetzt in der glücklichen Lage, einer meiner Schwestern, die immer noch da lebt, die Wohnung kaufen zu können, damit sie als Hartz-IV-Empfängerin nicht rausgeworfen werden kann; die Siedlung wurde inzwischen an amerikanische Investoren verkauft.«

Jäki Eldorado, mit dem Sie vor den Einstürzenden Neubauten eine Punkband gegründet haben …

»Ja, aber diese Band existierte nur in unseren Köpfen. Die hat keinen Ton hervorgebracht. Aber wir redeten darüber, wie sie heißen und aussehen sollte, das genügte schon. Das allein war ein Befreiungsschlag.«

… Jäki Eldorado sagte in einem Interview, ihn habe Punk deshalb so angezogen, weil da die hässlichsten Leute Stars hätten werden können, das sei Teil dieser Ideologie gewesen. Punk habe die Leute in ihren Defiziten bestätigt und rausgeholt. Das sei auch bei Ihnen so gewesen. Sie hätten Ihr Nichtssein glorifiziert.

»Na ja.«

Sie haben nach zehn Jahren die Schule abgebrochen.

»Ja. Als Arbeitsbeschaffungsmaßnahme musste ich Torf schaufeln. Von einer Seite auf die andere. Auf dem Friedhof, auf dem heute Marlene Dietrich begraben liegt. Lange habe ich das nicht ausgehalten. Danach kriegte ich nichts mehr. Nicht mal Sozialhilfe. Unter dem Namen Hans Christian Emmerich waren meine Entwicklungsmöglichkeiten ausgeschöpft.«

Mit einem neuen Namen waren Sie ein neuer Mensch. So einfach?

»Blixa Bargeld ist tatsächlich meine Schöpfung. Aber ein neuer Name ist ja noch nichts. Das ist eine Hülle, die man füllen muss und ausbeuten kann. Heute werden Hunde, Katzen, Kanarienvögel nach mir benannt. Sogar ein Schuh von Manolo Blahnik. Einfach *Blixa* heißt dieser Schuh, ein richtig toller, so ein Pumps; und als ich mal in einem amerikanischen Möbelgeschäft eine Couch reservieren wollte, stellte sich heraus, dass schon ein anderer Blixa da eingekauft hat. Alle Blixas dieser Welt sind nach mir benannt.«

Das macht Sie froh?

»Das rührt mich irgendwie, ja.«

Dabei wären Sie fast Maler geworden.

»In diesem Berlin der frühen 80er-Jahre war alles im Umbruch. Neues lag spürbar in der Luft. Jeder war am Machen. Irgendwas.«

Irgendwas?

»Arnold Schönberg hat gesagt: *Kunst kommt nicht von Können, sondern von Müssen.* So ist es auch bei mir. Ich *muss* beschäftigt sein, mein Kopf *muss* beschäftigt sein. Damals arbeitete ich in einem Kino. Und kam da mit Leuten zusammen, die auch was machen wollten. Es hätte bildende Kunst sein können, aber wir kamen halt auf Musik. Ich fand einen Satz wie *Dies ist ein Akkord, dies ist noch einer und nun gründe eine Band* revolutionär. Weil da ja ganz neue Formen von künstlerischer Auseinandersetzung entstehen mussten. Wir hatten kein Geld und keine Instrumente. Ich hatte ja nicht mal eine Wohnung – wie hätte ich da ein Instrument haben sollen?«

Frieder Butzmann, ein anderer Kumpane aus dieser Zeit, zeigte sich äußerst beeindruckt, wie Sie gehaust haben. Wie Blixa gehaust hat! Sie hätten einfach einen Keller als Wohnung gehabt. Und zwar einen *richtigen* Keller. Sie hätten dieses Todes- und Betonmäßige tatsächlich gelebt, meinte er.

»Na ja.«

Sie waren vom Ekligen fasziniert. Sie sollen Essensresten an Schaufenster geklebt haben. Brötchen. Scheiblettenkäse. Je hässlicher und dreckiger, desto besser. Recycling, alles aus dem Müll, auch die Kleider, eine eigene Ästhetik. Viel Provokation auch. Mit Hakenkreuz und Dingen aus dem Osten schocken. Von den Hippies mit politischem Engagement wollten sich die Punks distanzieren.

»Aber von den Punks wurden wir auf der Bühne mit Flaschen beworfen. Also Punks waren wir nicht.«

Wenn man Kritiken über Sie liest, heißt es oft: Früher war Blixa Bargeld ein Punk, heute ist er ein Feinschmecker. Damals machte er Krach, heute ist er melodiös und zahm geworden.

»Irgendwann einmal ist das Spontaneistische doch nur

noch verlogen. Also haben wir angefangen, mit festen Strukturen zu arbeiten. Wir haben uns neu erfunden. Ich habe mich neu erfunden. Nie habe ich mich dabei den Gesetzen des Musikgeschäfts angebiedert. Alle haben es gemacht, ich nicht. Deswegen sind die anderen reich, und ich bin legendär.«

Darf ich lachen?

»Aber sicher«, sagt Bargeld. Auch Bargeld lacht.

Im Ernst: Ihnen geht es finanziell auch nicht schlecht. Sie haben ein Haus gebaut, hier in Berlin-Mitte, modern und weiß. Sie leben abwechslungsweise in Peking, San Francisco und Berlin.

»Aber die Neubauten sind immer noch eine arme Band. Man darf nicht vergessen, dass ich nebenher 15 Alben als Gitarrist bei Nick Cave and the Bad Seeds gemacht habe. Und es gibt noch eine Einnahmequelle, auf die ich aber nicht näher eingehen werde.«

Können Sie verstehen, dass manche irritiert sind, wenn einer, der im Abfall wühlte, zu einem Dandy mit Vorliebe für Spitzenküche und Biofood mutiert?

»Dabei schwingt immer der Vorwurf mit, sich selbst verraten zu haben. Die nicht tot zu kriegende Erwartung an populäre Künstler, dass sie wiederholen und wiederholen und wiederholen, womit sie populär geworden sind. Doch: Ich ist schon wieder ein anderer.«

Man verzeiht Ihnen nicht, dass Sie älter werden.

»Genau. Man verzeiht mir nicht, dass ich älter werde. Denn ein Rockmusiker hat Jugend zu verkörpern, und zwar ewige Jugend. Bis zu einem gewissen Punkt, wo man offensichtlich hinüber ist. Dann heißt es wieder: Toll, was der mit siebzig noch hinkriegt. Ist das nicht absurd? Aber

ich will mich nicht beklagen: Es ist der Beruf des Kritikers,
Leute misszuverstehen.«

Es verletzt Sie nicht, missverstanden zu werden?

»Es verletzt mich. Aber es kann mir letztlich egal sein.
Denn ich muss mich nicht mehr beweisen.«

Der Erfolg gibt Ihnen recht.

»Vielleicht wäre es tatsächlich anders, wenn ich in einer
Dachkammer sitzen und darben würde. Aber ich sitze
nicht in dieser Dachkammer.«

Vignetten, Positionen, Repliken, die Zeit vergeht im
Flug. Und die Frage, was dieses Leben zusammenhält,
bleibt immer schön außen vor. Aber bitte, sagt Bargeld
zum Trost, er beschäftige sich seit nunmehr zehn Jahren
mit Autobiografien, und: »Es ist ein Dilemma.« Denn Autobiografien von Künstlern seien oft eine einzige Klage da-
rüber, verkannt zu werden. Man Ray etwa, ein begnadeter
Künstler ohne Zweifel, aber eben: »Seitdem ich seine
Selbstbeschreibung gelesen habe, mag ich ihn nicht mehr.«
Oder der amerikanische Komponist George Antheil, der
erste, der eine Komposition für zwei Flugzeugpropeller,
Sirenen und acht Klaviere geschrieben hat. In *Bad Boy of
Music* schildere er sein wildes Leben, aber präsent sei im-
mer die Wunde, nicht als einem Arnold Schönberg oder
Igor Strawinsky ebenbürtig wahrgenommen zu werden.
Sehr sympathisch dagegen der Maler Salvador Dalí. »Drei
Autobiografien hat der geschrieben, alle komplett ver-
schieden, alle absurd und frei erfunden, und eben: keine
Klagen.« Allein dafür müsse man Dalí lieben, sagt Blixa
Bargeld.

Von ihm selbst gibt es bis jetzt noch keine Autobiografie,
aber ein Buch, das als Tagebuch der letzten Europatournee

mit den Einstürzenden Neubauten gelesen wird, *Europa kreuzweise. Eine Litanei* heißt es. Eine Klage ist es nicht geworden, aber ein Gesang der Gleichförmigkeit. Immer geht Blixa Bargeld mittags allein essen, immer in Spitzenrestaurants, immer spielt die Band das gleiche Konzert. Kein Glamour des Rock wird gefeiert. Weder Sex kommt darin vor noch Drogen. Keine Wut ist zu spüren. Energie wird dafür aufgebracht, rechtzeitig ins Spitzenrestaurant der Spitzenrestaurants zu kommen. Über allen Tourtagen liegt Melancholie.

Spiegelt dieses Buch das aktuelle Lebensgefühl des Blixa Bargeld? Bargeld sagt nicht Nein und nicht Ja, er versteckt sich hinter der Form. Die Form des Buches sei vom Verlag vorgegeben gewesen. Eine Litanei sollte es werden. Und eine Litanei lebe nun mal von der Wiederholung. Und überhaupt sei mindestens die Hälfte des Buches erfunden – mithilfe von Google kein Problem, die Speisekarten der einschlägigen Restaurants zu kopieren. Er habe die genommen, die am besten geklungen hätten, rein sprachlich. Essen müsse man nun mal regelmäßig, also habe sich das Essen als wiederkehrendes Thema in dieser strengen Form gewissermaßen aufgedrängt.

Klingt klug, aber auch nicht wirklich ernst gemeint, halb nach Methode, halb nach Ausrede. Blixa-Sätze schillern, und das sollen sie auch. Er fühle sich von allen mythologischen Figuren dem Trickster am nächsten, sagt Blixa Bargeld. Der Trickster sei listig und zugleich ungeschickt, ein Betrüger und oft genug der Betrogene, ein Verwandlungskünstler und Tabubrecher. Er sei resistent gegenüber Eingrenzungen, ein geradezu zwanghafter Grenzüberschreiter sei der Trickster. Typische Trickster seien Hermes, Pan oder

Prometheus, der den Göttern das Feuer entwendete. Oder Simplicissimus, Felix Krull, Don Quichotte. Der Trickster habe einen andern Blick als die anderen und schöpfe aus Bestehendem Neues. »Wie Blixa Bargeld. Der stößt auch Türen auf, wo andere nicht mal Türen vermuten.«

Ein solches Selbstbild erleichtert das kreative Leben, und die Beschäftigung mit Formen hilft, einem Buch, einer Musik, einer Künstlerexistenz Sinn und Gestalt zu geben. Wie der Trickster seine Haltung mit den großen und kleinen Zumutungen des Alltags und des Lebens verbindet, bleibt sein Geheimnis.

Blixa Bargeld ist mit einer chinesischen Mathematikerin verheiratet und Vater einer zweijährigen Tochter namens Anna. »Ich nehme das sehr ernst«, sagt er. Seine Frau schickt ihm jetzt mehrmals eine SMS: »Anna is not sleeping!« Es folgt ein Anruf, den Blixa Bargeld mit Zucker in der Stimme beantwortet: »Oh, our sweetheart. What shall we do?« Kurz darauf erhebt er sich und sagt, offensichtlich stolz: »Entschuldigen Sie. Aber ich habe zu Hause eine Familie, die auf mich wartet.«

Ein Mann, 51 Jahre alt und leicht betrunken vom Wein und von Blixa Bargeld, verabschiedet sich freundlich.

»Ich müsste mir ein Sieger-
lächeln aufs Gesicht kleben«

FLORIAN BAUER, 49, GRAFIKER

Florian Bauer nennt zwei Dinge, die ihm derzeit für ein glückliches Leben fehlen: »Erstens: Ich bin allein. Zweitens: Ich bin finanziell am Limit.« Er ist bald fünfzig und sieht keine Sicherheiten für die Zukunft. Das hebt ihn ab von fast allen, die ihn umgeben. »Manchmal glaube ich, diese Einsamkeit nicht länger zu ertragen«, sagt Bauer. Was tut er, um sich diese Prophezeiung nicht zu erfüllen?

Bauer hält ein Streichholz in die Höhe, schaut kurz in die Flamme und zündet sich eine Parisienne an. Er hat schöne Hände, gepflegte Fingernägel, er feilt sie, knipst sie nicht einfach ab. Er ist groß und trägt einen gut sitzenden Anzug mit Rollkragenpullover. Er ist gebildet und pflegt Leidenschaften: Fußball, Kunst, Literatur. Er liest täglich zwei Zeitungen, so erarbeitet er sich eine Meinung zum

Zeitgeschehen, die er klar und prononciert zu formulieren versteht. Er lächelt und sagt mit markant tiefer Stimme: »So rein vom Profil her wär ich ein Partner wie aus dem Katalog, nicht?«

Wenn Florian Bauer am Morgen aufsteht, sieht er einen langen Tag vor sich und niemanden, der auf ihn wartet. Er macht sich auf den Weg ins Büro, erledigt dort, was es zu erledigen gibt, und das ist wenig, dann geht er wieder nach Hause. Er hält die Bürozeiten ein, für sich, »irgendeine Struktur muss man ja haben«. Es gibt Tage, da bewegt er sich nur zwischen Büro und Wohnung, »das sind etwa 500 Meter«. An anderen Tagen sieht er sich um drei Uhr nachmittags im Kino einen Film an, ohne schlechtes Gewissen, das hat er sich abgewöhnt. Und es gibt Tage, da hat er ein Date.

Die meisten seiner Freunde werden von ihrem Terminplaner durch die Wochen und Jahre gejagt. Bauer weiß ebenfalls, wie das ist, wenn lückenlose Termine einem das Gefühl geben, »von Bedeutung zu sein«. Er kann sich an Zeiten erinnern, wo er über der vielen Arbeit Tag und Nacht vermengte und Hunger und Durst vergaß, »sogar der Harndrang blieb weg«. Er hatte damals Vorbilder und Ideale und »viel Kühnheit«. Die voll auf Risiko spielenden Ideen würgte er bei seinen Entwürfen nicht ab, sondern gab ihnen Raum. Er galt als grafisches Talent mit Zukunft. Und so sah er sich auch selbst: »Ich hatte mir ein Grundvertrauen erarbeitet, dass die Ampeln für mich schon auf Grün springen würden.«

Dieses Gefühl hat er nicht mehr: »Heute bin ich ziemlich illusionslos auch in Bezug auf mich selbst.« Er fühlt Neid auf die Erfolgreichen. Und sein Neid kann sich hin zu

»Wut, manchmal fast Hass« steigern, wenn er feststellen muss, welche Triumphe manche mit Mittelmaß und modischer Beliebigkeit gewinnen. »Ich weiß, dass ich aufpassen muss, nicht bitter zu werden«, sagt er.

Um seine negative Stimmung zu dämpfen, zwingt er sich, genau hinzuschauen: »Vielleicht war der Schritt in die Selbstständigkeit nicht der richtige für mich«, sagt er. Denn ihm fehle die Geschmeidigkeit, mit Leuten umzugehen: »Das kostet mich jedes Mal wahnsinnig viel Kraft. Ich glaube, mein Interesse für Menschen ist beschränkt. Ein großes Handicap, wenn man Aufträge einholen soll.«

Am Anfang seiner Selbstständigkeit hatte er Erfolg, viele große Aufträge. Plötzlich gab es bei einem Job ernsthafte Probleme, »weil da auch die Chemie so überhaupt nicht gestimmt hat zwischen mir und den Auftraggebern«. Er schaffte es nicht, »eine professionelle Distanz aufzubauen«. Ihm fehlte die Trainiertheit, die Sticheleien und Vorbehalte der Auftraggeber abzuwehren: »Ich war wie ein Käfer, der sich vor ihnen auf den Rücken legte.« Bauer glaubt, dass er durch diesen Auftrag »traumatisiert« wurde. Er hatte Albträume, und als dann noch ein langjähriges Gerichtsverfahren wegen Copyrightansprüchen hinzukam, wuchs die Befürchtung, dass dieses Erlebnis in seinem Kopf nie verjähren werde.

Als Bauer sein eigenes Büro gründete, nahm er die damit verbundene finanzielle Durststrecke als selbstverständlich in Kauf. Eine Zeit lang ging es stetig bergauf, inzwischen stagniert er auf tiefem Niveau. Er glaubt, dass der Druck, unbedingt Geld verdienen zu müssen, ihn lähmt und gleichzeitig seine Widerspenstigkeit herausfordert: »So im

Stil von: Ach, lasst mich doch in Ruh, was wollt ihr denn von mir!« Hat er Arbeit, erledigt er sie aufgerichtet. Hat er keine, setzt er sich selbst schnell mal auf die Abschussliste. Er wirft sich vor, »wie ein kleines Kind zu sein, das bei Misserfolg sein Spielzeug fortschmeißt«. Er nimmt sich vor, »ausgeglichener zu werden«.

Und gleichzeitig erlebt er, wie sehr Geld die sozialen Kontakte und seine Außenbeziehungen regelt: »Wenn ich Freunde im Ausland besuchen will, muss ich mir heute überlegen, ob ich mir das leisten kann.« Kino, Ausgang, Kleider, alles unterzieht er einer strengen Notwendigkeitsprüfung: »Natürlich empfinde ich das als Demütigung!« Und es ist ein Teufelskreis: Bauer gewinnt seine Aufträge hauptsächlich über Präsentationen. Aber Präsentationen kosten Geld. Ohne Geld keine Präsentationen. Ohne Präsentationen keine Möglichkeit, an Aufträge zu kommen.

Bisweilen erscheint ihm die Aussichtslosigkeit seiner Situation so groß, dass er sich überlegt, wo er sich sonst noch in seinem Element fühlen könnte. Er dachte auch schon daran, einen Job zum Geldverdienen anzunehmen, irgendeinen. Etwa Taxifahrer. »Aber das war früher vielleicht ein guter Gelegenheitsjob. Heute verdienst du da nichts mehr, zu viele sind auf dieselbe Idee gekommen.«

Manchmal versucht Bauer auch, seine relative Ungebundenheit zu genießen, indem er sich den Erfolg der Vielbeschäftigten genauer ansieht. Und oft entdeckt er, dass sich deren frühere Passion in ein bloßes Abwickeln, Delegieren und Termineinhalten verwandelt hat. Da ist wenig von Visionen und viel von Sitzungen und Effizienz die Rede. Und die Erfolgreichen sind neidisch auf die noch Erfolgreicheren. »Wenn man will, findet man immer einen Grund, sich selbst zu bemitleiden«, sagt er.

Bauer zündet sich eine weitere Zigarette an – »ein Luxus, von dem ich nicht weiß, wie lange ich ihn mir noch gönnen will« – und sagt, dass er durchaus zu Selbstmitleid neige. »Eigentlich liegt mein Kampf derzeit darin, Selbstmitleid in Initiative zu verwandeln. Beruflich und privat.« Es sei »ein verflixt harter Kampf«, sagt er. Manchmal verliere er den Mut und denke, es lohne sich ja doch nicht. So große Berge sieht er vor sich, die er abtragen müsste. Und er weiß nicht, wo anfangen: »Muss ich die Situation ändern? Oder muss ich mich selbst ändern? Oder beides?« Wenn er sich vorstellt, wie sein Wesen umzupolen wäre, scheinen Eigenschaften auf wie »aggressiv, extravertiert, enthusiastisch, beharrlich, willensstark«. Voilà, sagt er, das alles sei, was er nicht sei. Und er wisse nicht mal, ob er so werden möchte. »Ich müsste mir ein Siegerlächeln aufs Gesicht kleben«, sagt er.

Manchmal habe er einfach Lust, Vergangenheit, Konkurrenzdenken, Kälte hinter sich zu lassen für ein neues Leben. Er sei sich zwar weder sicher, ob er etwas bereue, noch wie genau dieses neue Leben denn auszusehen hätte. Er wisse nur, dass es nicht so einsam sein dürfte wie das alte. »Ich mache einfach immer alles allein. Es gibt niemanden, der von außen Dinge in mein Leben trägt und mir etwas abverlangt. Es gibt niemanden, dem ich meine Sehnsüchte um die Ohren knallen könnte. Niemanden, bei dem ich loslassen kann, ohne zu überlegen, was das jetzt für mich bedeutet.« Und, sagt er, das sei für ihn das schwierigste Eingeständnis, das er machen könne, es koste ihn regelrecht Überwindung zu sagen: »Ich bin einsam.« Und er möchte das auch nicht unter seinem wirklichen Namen tun, sein Pseudonym sei Florian Bauer, ein relativ häufiger Name da, wo er ursprünglich herkomme, aus Rosenheim, Deutschland.

Sei 15 Jahren lebt er in der Schweiz, in Bern. »Irgendwas ist schiefgelaufen, dass ich an Wochenenden immer noch alleine rumlaufe.«. Ob es an Bern liege, an ihm, an der Szene, in der er sich bewegt – schwierig, sich da Klarheit zu verschaffen. Jedenfalls sei Bern nicht seine Heimat geworden, sogar nach so langer Zeit nicht, aber Rosenheim sei es bestimmt auch nicht mehr.

Und so ist er heute so weit, dass er für eine Frau einen Wohnortswechsel in Kauf nehmen würde. In Bern haben die üblichen Reviere versagt. Den Versuch, in einer Bar eine Frau kennenzulernen, tut Bauer inzwischen als »Zeitverschwendung« ab. Sein gleichaltriger Freundeskreis ist sehr beschäftigt mit Arbeit, und die meisten haben Familie. Und bei der Arbeit? »Ich glaube, eine Grafikerin müsste mich auch als Grafikerin interessieren. Diejenigen, die das tun, sind bereits besetzt.«

»Mein Initiativ- und Beschäftigungsprogramm« nennt Bauer selbstironisch die Tatsache, dass er seit fünf Monaten seinen Zweisamkeitswunsch mithilfe des Internets zu erfüllen sucht. Er musste sich dazu zwingen: »Denn eigentlich gibt man damit ja zu, dass es anders nicht geht. Es ist eine Niederlage.« Die er damit wettmacht, dass er kaum selbst anfragt, sondern sich anfragen lässt. Und die Auswahl sei groß, ungefähr eine bis zwei Anfragen pro Tag, sagt Bauer. Es gibt offenbar Hunderte von digitalen Schönheiten, die einen Mann suchen, der das für sie richtige Herz hat. Und obwohl Bauer mehr als die Hälfte der sich für ihn interessierenden Profile gleich wieder löscht, ist er tatsächlich in den vergangenen fünf Monaten mit mehr Frauen ausgegangen als in den zwei Jahren zuvor.

Vor allem aber hatte er regen Mailverkehr. Er mag es, eine Frau zuerst schreibend kennenzulernen: »Im Internet«, sagt er, »sind die Begegnungen körperlos.« Es gibt keine Stimme, die beeinflusst, keine Gestik. Keine Vergangenheit, die sich ins Gesicht eingeschrieben hätte. Selbst wenn man Bilder ausgetauscht hat, was Bauer immer relativ schnell tut – die gehen vergessen, sagt er. Man sei ganz Sprache. »Das hat etwas Schönes«, sagt Bauer. »Aber es hat mit dem wirklichen Leben nichts zu tun.«

Als Mann, der sich auf ausgedehnten Mailverkehr einlässt, ist er eine Ausnahme, das haben ihm schon viele Frauen erfreut bestätigt. Bauer sieht darin allerdings auch eine gewisse Gefahr: »Es ist ja nicht das, was ich wirklich will. Es ist einfach eine schöne Beschäftigung. Vielleicht sogar eine Flucht. Man kommt am Abend nach Hause und weiß, der Computer wartet, der Abend ist gebongt. Man ist allein und doch nicht allein. Der individualistische Trip kann ungestört weitergehen.«

Jedenfalls hat er schon mehrmals die Erfahrung gemacht, dass er sich mit einer Frau schriftlich sehr gut verstand, als man sich dann jedoch in die Augen schaute, war schnell klar: Nein, Fehlanzeige. »Das war hart. Man hatte sich gegenseitig aufgeschaukelt – und der Realitätstest war vernichtend.«

Bauer fordert von sich Gelassenheit: »Erwarte nichts. Kultiviere deine Neugier. Das ist die Haltung, mit der ich an diese Zusammenkünfte gehe«, sagt er. Im Moment gibt es eine Frau, aus Stuttgart, die ihn interessiert. Sie haben sich sogar schon gegenseitig besucht. »Ja, ja, ein bisschen Schmetterlinge im Bauch«, sagt er. Aber gibt auch gleich Warnschüsse ab: »Cool bleiben. Mal abwarten.« Noch einen Monat will ers via Netz probieren, »dann habe ich diese Erfahrung auch gemacht«, sagt er.

Und fügt an, dass diese zahlreichen Treffen ihn dazu zwingen, sein Leben zu einer Geschichte zusammenzufügen, die in sich logisch erscheine und verständlich. Zum Beispiel werde er von diesen Frauen immer gefragt, warum er denn überhaupt noch alleine sei, in seinem Alter und mit seinem Aussehen. Und er antworte dann dem jeweiligen Gegenüber angepasst. Dass er zwar immer Beziehungen gehabt habe, aber mal sei die Frau verheiratet gewesen, mal habe sie ein Kind gewollt und er nicht, dann wieder habe er ein Kind gewollt und sie nicht, oder sie wohnte in einigen hundert Kilometern Entfernung. Oft genüge das schon als Erklärung. Manchmal füge er noch hinzu, was all seine bisherigen Frauen in seinen Augen gemeinsam gehabt hätten: »Eigentlich waren sie nicht mein Typ.« Dass sie eher Kumpels für ihn gewesen waren als Frauen. Dass er stets den Eindruck gehabt habe, sie hätten ihn gewählt, nicht er sie. Dass das der Grund sei, warum seine Beziehungen vielleicht vier, fünf Jahre hielten, aber nicht länger.

In Wirklichkeit, sagt Bauer, wisse er jedoch gar nicht, ob diese Erklärungen etwas taugten. »Im Moment sträube ich mich noch zu sagen, ich bin beziehungsunfähig«, sagt er. Eher lässt er den Gedanken zu, im tiefsten Herzen beziehungsunwillig zu sein: »Denn eigentlich waren meine bisherigen Beziehungen immer mit Traurigkeit verbunden. Im besten Fall mit Vorfreude: Ich fand es schön, mich auf meine Freundin zu freuen. Die Vorfreude empfand ich oft als erfüllender als das tatsächliche Zusammensein.«

Woran liegt es? Liegt es an ihm oder an den Frauen, dass er in all den Jahren Sehnsüchten, Hollywood, Herzweh, Hormonen, der Werbung getrotzt hat und bis heute aus der Norm einer Halt und Glück versprechenden Zweierbeziehung fällt?

Es sind Fragen, die sich so nie beantworten lassen werden oder sich irgendwann erübrigen, das weiß Florian Bauer. Er arbeitet daran, für sich die Vorzüge eines Lebens als *lonely wolf* herauszustreichen, etwa die damit verbundene Freiheit: »*Wir sind nicht mit Wurzeln geboren worden, sondern mit Füßen* – dieser Satz hilft mir.« Gleichzeitig sucht er weiter nach der Frau, mit der er »Glück, Pech, den Zopf am Sonntagmorgen, schwarzen Humor und die Freude über Uwe Tellkamps schöne Sätze« teilen könnte.

In hilflosen Momenten vergegenwärtigt er sich seine ehemalige Kunstlehrerin, die ihm wie eine zweite Mutter war. Diese Frau, sagt Bauer, hatte für alles Verständnis, außer für Zeitverschwendung. Als Zeitverschwendung betrachtete sie alles, was einen hindert, aktiv zu sein. »Sie konnte nicht begreifen, dass manche Leute so viel fernsehen. Sie verbot uns, uns selbst klein zu machen. Und wenn wir nicht mehr weiterwussten, zitierte sie den Satz des französischen Malers Francis Picabia: *Der Kopf ist rund, damit das Denken die Richtung wechseln kann.*« Seine Kunstlehrerin war überzeugt: »Du kannst dein Leben mitgestalten. Also tu es.« Es habe sie fuchsteufelswild gemacht, wenn ein in ihren Augen künstlerisch hochbegabter Schüler nach Berlin ging, um dort in einer Kinderkrippe zu arbeiten. »Für diese Lehrerin war Talent eine Verpflichtung. Erfolg sah sie als schönes Nebenprodukt, niemals jedoch durfte das Streben nach Erfolg das Motiv sein, etwas zu tun«, sagt Bauer. Wenn er an diese Lehrerin denke, so überkomme ihn Scham, weil er sich von seiner beruflichen Flaute so entmutigen lasse. Aber ihr Denken richte ihn auch auf: »Ich bin mir und meinen Fähigkeiten verpflichtet, das ist alles. Misserfolge können mich nicht infrage stellen, solange ich mich selbst nicht aufgebe.«

»Man darf seine Träume nicht aufgeben«

PETER SCHÜPBACH, 48, UNTERNEHMER

Peter Schüpbachs Erinnerungsfluss erfasst Boomzeiten und Zeiten der Katastrophe. Er sieht Bilder, wie er vor Optimismus strotzend als der Mann im Zentrum des technologischen Fortschritts gefeiert wird. So lacht ein Börsenstar. In Rekordzeit stieg die Aktie seiner Softwarefirma Miracle von 240 Franken auf 1190 Franken, auf einen Schlag war sein Unternehmen 1,3 Milliarden wert. Schüpbach wusste nicht, wie ihm geschah.

Elf Monate nach dem Börsengang, im Herbst 2000, sieht er sich zum Rednerpult schleppen, vorbei an seinen 300 Mitarbeitern. Jahrelang hielten sie ihm die Treue, wild umworben, verließen sie ihn nicht. Er blickt ihnen fest in die Augen, er weicht ihrem Blick nicht aus. Und verkündet die totale Niederlage, den Konkurs.

Heute, zehn Jahre später, scheint Peter Schüpbachs Hingabe an die Zukunft wieder unbeirrt. »Ja«, sagt er, »ich bin wirklich sehr zufrieden.« Er spricht von seinem »tollen Team«, von der »tollen Idee«, er erzählt, wie er mit seinem »tollen Team zur Erfolgsgeschichte des *E-Commerce* beitragen« will. Auch die Familie mache große Freude, »die Situation ist im Moment wirklich optimal«. Und er erklärt sich sein Glück damit, dass er »jetzt eine gute *Work-Life-Balance*« gefunden habe.

Seine neue Leidenschaft heißt Fashionfriends und ist ein Onlineshop für markenbewusste Schnäppchenjäger. Schüpbach sagt die Zahlen wie im Schlaf her: 120 000 Mitglieder in zwölf Monaten, fünfzig Mitarbeiter, jeden Tag gehen über tausend Pakete raus. Schüpbach sieht wirklich zufrieden aus.

In seinem Büro hängt ein gerahmtes Schwarz-Weiß-Bild: eine Sippe, eben aus ihrem Planwagen gestiegen, angekommen am Ziel, Oregon, dem goldenen Land. Tiefe Augenhöhlen, die Männer, Frauen und Kinder sehen ausgezehrt aus, ihr Blick erzählt von Hunger. Und das Land ist nicht golden, sondern kahl. Es gibt nichts hier. »Noch nicht«, sagt Schüpbach. Das Bild soll ihn an den Geist erinnern, den ein Unternehmer brauche, sagt er. »Pioniergeist. Man startet immer im *Nowhere*. Aber man darf den Traum nicht aufgeben: *If you can dream it, you can do it.*«

Dass ein Jungunternehmer an die Kraft der Träume glaubt, geschenkt. Aber dass es einer wie Peter Schüpbach immer noch tut, das ist nicht selbstverständlich. Denn er hat erlebt, wie ein großer Traum platzen kann und wie man mit dem Traum den Ruf verliert. Er setzte enorm viel Geld in den Sand, eigenes und noch viel mehr fremdes, er wurde von den Medien, die ihn eben noch als Wunder-unternehmer feierten, zum Hochstapler erklärt, er ging durch die Hölle: Gerichtsprozesse, Schlaflosigkeit, soziale Ächtung.

If you can dream it, you can do it?

»Es gibt einen Bruch in meinem Leben«, sagt er, »aber meine Überzeugungen habe ich nicht verloren.« Und dafür hat er viele Erklärungen.

Ein Grund: Schüpbach konnte das Vertrauen in sich langsam wieder aufbauen. Er hat die Schulsoftware-Firma des Bruders übernommen, zum Erfolg geführt – und verkauft. Als Business Angel hat er Jungunternehmer beraten. Er ist zum dritten Mal Vater geworden. Bis heute hat er Engagements in über zwanzig Firmen. Wichtige Schritte vor dem neuen großen Schritt, der Gründung von Fashion-friends.

Geholfen habe ihm der starke familiäre Rückhalt: »Meine Frau stand voll hinter mir.« Und es gab Freunde, denen er sich im Nachhinein zu großem Dank verpflichtet fühlt, weil sie seine damalige Tendenz, sich ins Schnecken-loch zu verkriechen, aktiv störten, indem sie ihn für Vorträge engagierten und zu Festen einluden.

Hinzu kam auch noch Unglück im Unglück. Kurz nach dem Konkurs stürzte Peter Schüpbach beim Skifahren schwer, beinahe hätte er seine Bewegungsfreiheit verloren. Und kurz darauf verunfallte sein Bruder mit dem Auto, die Freundin auf dem Beifahrersitz starb, der Bruder zog sich schwere Hirnverletzungen zu und war nicht mehr wiederzuerkennen. Seit Schüpbachs Konkurs hatte sich die eher professionelle Beziehung zwischen den Brüdern zu einer Freundschaft entwickelt. Und nun lag cr da, brauchte Hilfe, konnte nicht mehr arbeiten, nicht mehr reden und nahm doch manchmal, so hatte Schüpbach den Eindruck, alles wahr. Ein solches Leben hätte sein Bruder niemals gewollt, glaubt Schüpbach, denn er weiß, wer sein Bruder war, wie er gelebt hat, was er wollte. Dass er zu seinem Bruder nicht mehr durchdringen könne, sei ein Schmerz, der nicht vergehe, sagt Schüpbach.

Und dennoch: »Es waren diese zwei Schicksalsschläge«, sagt er, »die mir geholfen haben, die Geschichte mit Miracle richtig einzuordnen und zu erkennen, dass die Familie und das Umfeld genauso wichtig sind wie der Beruf, wenn nicht wichtiger.«

Erst jetzt führte er sich vor Augen, dass er 14 Jahre lang eigentlich mit und für Miracle gelebt hatte. »Die Familie kam eindeutig zu kurz«, sagt Schüpbach, »die Firma stand an erster Stelle.« Er und die drei Mitgründer seien »mit einer Rieseneuphorie« am Werk gewesen, hätten bis in die frühen Morgenstunden gearbeitet – in den ersten fünf Jahren ohne Lohn. Alle wohnten noch bei den Eltern.

Es war der Glaube, dass die Welt sich neu erfinden lässt, der sie auf Trab hielt. Dann wurde ihre betriebswirtschaftliche Standardsoftware ein Erfolg, und ihnen wurde klar, dass sie in zehn Jahren veraltet sein würde. Da hätten sie ihre Firma verkaufen können und hätten bis an ihr Lebensende ausgesorgt gehabt. »Aber warum hätten wir uns jetzt zur Ruhe setzen sollen, jetzt, wo die Möglichkeit so nah und groß war, Spuren zu hinterlassen?« Denn das ist es, was Schüpbach beglückt, wofür er immer noch lebt: »Ich möchte eine Duftmarke setzen auf dieser Welt.«

Kurz entschlossen hätten sie für die Entwicklung einer neuen Idee alles Bisherige über Bord geworfen: »Wir waren überzeugt, das ist der *Holy Grail*.« Das war 1994. Das Risiko war groß und teuer. Sie ließen sich von der Euphorie im IT-Bereich tragen und von einem Gefühl des Jetzt oder nie: »Es war ein Wettlauf mit der Zeit. Jeder glaubte, sein Fähnchen zuerst einstecken zu müssen.« Die kleine Miracle aus Langenthal wollte es den Großen zeigen, auf nach Amerika, denn wer Amerika erobert, erobert die Welt.

Nach vier Jahren Entwicklungszeit kam Miracle XRP auf den Markt und an die Börse. Es folgten der unglaubliche Hype, dann erste Meldungen von Mängeln, dann der Verlust des Vertrauens, der Sturzflug.

Der Druck war groß, als sie gefeiert wurden, und er wurde unerträglich, als Kritik laut und lauter wurde. Ein Journalist habe sich richtiggehend auf Miracle gestürzt, sagt Schüpbach. »Jeden Freitag zwischen drei und vier wusste ich, jetzt ruft er wieder an. Jetzt.« Dann der Gang zum Kiosk, wo er sich von den Schlagzeilen wie angeschossen fühlte. Die Verantwortung gegenüber den Mitarbeitern und Aktionären, Rede und Antwort stehen. »Das musste sein, das wollte ich bringen.«

Der Rotary Club Langenthal, dem er angehörte, spaltete sich in zwei Lager, pro und kontra Schüpbach. Er bekam die Schadenfreude Alteingesessener zu spüren. Zu Hause war gerade sein zweites Kind zur Welt gekommen. Seine Frau hat einen sehr tiefen Schlaf, er einen leichten – und einen federleichten, wenn ihn etwas bedrückt. Er schlief also eigentlich gar nicht mehr. Seine Frau, die aus einer Unternehmerfamilie stammt, musste ihre eigenen Unternehmerträume zurückstellen. Und sie war vom wichtigsten Teil seines Lebens ausgeschlossen, »denn ich war auch nicht der Typ, der nach Hause kam und groß erzählte«, sagt Schüpbach. An allen Fronten lief ihm sein Leben davon.

Nachdem der Konkurs Tatsache war, setzten sich die Miracle-Gründer für zwei Wochen auf ein Safariboot ab. Sie gingen tauchen, buchstäblich. »Das war gut. Wir zogen Bilanz. Wo haben wir Fehler gemacht? Was können wir daraus lernen? Und sehr wichtig: Keiner machte dem anderen Vorwürfe.«

Als Schüpbach wieder nach Hause kam, hatte er ein Strafverfahren am Hals. Kleinaktionäre warfen ihm und seinen Partnern vor, Softwaremängel bewusst verschwiegen und ein krankes Unternehmen an die Börse gebracht zu haben. »Das war der Dolchstoß«, sagt er, ein Vorwurf, der ihn »im Innersten« traf, jetzt wurde auch noch seine persönliche Integrität infrage gestellt: »Wir waren Unternehmer mit einem großen Traum, aber sicher keine Abzocker.« Fünf Jahre später wurde ihm das auch von den Gerichten bestätigt. Alle Anklagepunkte erwiesen sich als haltlos. »Bis dahin lebte ich unter einem Damoklesschwert.«

Er sei manchmal nah dran gewesen, seinen Kampfgeist zu verlieren, sagt Schüpbach. »Es war eine Zeit übermenschlicher Anspannung, übermenschlicher Belastung.« Wenn er einen Schrecken hinter sich glaubte, tauchte der nächste auf. Andere wären ins Grübeln verfallen. Er nicht.

Warum nicht?

»Augen zu und durch, hieß die Devise.«

Das ist keine Antwort und vielleicht doch eine. Weitermachen. Er konnte das, weil er gerne etwas tut. Und es gab ja viel zu tun. Dokumente zusammenstellen für den Prozess. Zeit finden für die Familie. Sich um seinen verunglückten Bruder und dessen Firma kümmern. Neues anfangen. Dass er an allen Ecken und Enden gefordert war, half ihm. Denn zur Arbeit musste sich Schüpbach nie motivieren, im Gegenteil. »Die Aussicht, Probleme zu lösen, Pläne zu realisieren, neue Ziele zu formulieren, erhitzt mich bis heute«, sagt er. Am liebsten und besten arbeite er im Team, in einer verschworenen Gemeinschaft mit einem gemeinsamen Sinn für die Chance des Augenblicks.

Wie damals also, mit seiner Softwarefirma. Der Miracle-Mann will den Glauben ans Wunder nicht aufgeben. Und egal, ob er ein revolutionäres Computerprogramm entwickelt oder einen Onlineladen für reduzierte Designermode, stets gelingt es ihm, die Illusion hochzuhalten, dass die Welt auf einen wie ihn gewartet hat. Dass er dabei nicht den Alleingang sucht, sondern sich stets und bewusst mit Partnern zusammentut, nimmt seinem Ehrgeiz jeden Beigeschmack von Größenwahn.

Dabei zeigten sich seine Ambitionen erst relativ spät. Er sei ein »lausiger Schüler« gewesen, sagt Schüpbach, »wenig fokussiert«. Es folgte eine Banklehre. Da habe er sehr schnell gemerkt, dass er »in einer solch hierarchischen Welt auf Dauer nicht klarkommen« würde. Er ging in die USA und lernte dort, »Baumwolle zu klassifizieren«, und das war gut, denn die USA waren für ihn »ein Versprechen von Freiheit«. Im Militär stieg er bis zum stellvertretenden Bataillonskommandanten auf. »Weil ich mir erstens nichts befehlen lassen wollte und weil es zweitens hieß, nur Akademiker seien zum Weitermachen befähigt.« Er nahm dann doch noch ein Studium auf, Betriebswirtschaft an der Fachhochschule Bern – und gab es wieder auf, als Kollegen eine Softwarefirma gründen wollten und ihn um einen Businessplan baten. Das war die Geburtsstunde von Miracle und dem Unternehmer Peter Schüpbach.

Schüpbach, ein Unternehmer, der nach einem gewaltigen Konkurs durch eine existenzielle Krise ging – und am Ende unverändert herauskam. Immer noch lässt er sich beseelen von einer in seinen Augen großen Idee. Beschwingt erzählt er von einer Entdeckung, die er heute Morgen auf der Facebookseite von Fashionfriends gemacht hat: »Ein Kunde hat ein Foto gepostet mit einem Paket von uns auf der Zürcher Sihlpost und dazu geschrieben: *Fashionfriends erobert die Schweiz.*« Schüpbach breitet jesusmäßig die Arme aus: »Ein schöner Moment, wenn man sieht, dass man im Leben anderer präsent ist. Das macht Freude.«

Er arbeite im Grunde immer noch gleich wie früher. Nur versuche er jetzt, nachts länger zu schlafen, weil er wisse, dass man nicht 16 Stunden am Stück konzentriert sein könne. »Und weil ich erfahren habe, dass Türen für mich auch morgen noch offen sein werden.« Und hin und wieder nimmt er sich sogar tagsüber Zeit, um mit seiner Frau laufen zu gehen: »Wir trainieren für den New-York-Marathon«.

Marathon ist Weiterlaufen. Weiterlaufen, weiterlaufen und weiterlaufen.

»Zeitverschwendung war für mich immer die größte Quelle von Glück«

CONSTANTIN SEIBT, 44, JOURNALIST

Als ich Constantin Seibt kennenlernte, trug er eine schrecklich dicke Brille und schrecklich gelbe Pullover, aber das
Auffälligste war sein Gang: ein federndes Hüpfen. So ein
Mensch kann nie dauerhaft niedergeschlagen sein, auch
nicht wütend, dachte ich, da hüpft immer etwas dazwischen. Seine Wortmeldungen während des Studiums waren charmant, klug, manchmal scharf, aber geradezu vernichtend war er, wenn er, den Kopf aufs Pult gelegt, gar
nichts sagte – und schlief. Er war auf eine lockere Art ehr-
geizig. Mir gefiel das.
    Wir waren zehn Jahre lang ein Paar. Er führte sein Le-
ben, ich meines, zusätzlich hatten wir ein gemeinsames,
das hauptsächlich darin bestand, dass wir uns trafen und
redeten und redeten, und dann gingen wir ins Bett. Er kam

zu Verabredungen notorisch zu spät, er verschlief die Tage, arbeitete die Nächte durch und ernährte sich von Eistee und Zigaretten. Die leeren Pulverbeutel und die Kippen blieben über Wochen neben seinem Computer liegen. Mich störte das, aber ich habe nie daran geglaubt, dass man Menschen ändern kann oder sollte. Versucht habe ich es trotzdem. Bei Constantin mit überwältigendem Misserfolg.

Aber jetzt ist alles anders. Heute lebt er mit seiner Freundin unter einem Dach, ist Vater einer einjährigen Tochter und ein berühmter Journalist.

Constantin, bist du am Ziel angekommen?

»Mit 14 fasste ich den Plan für mein Leben. Ich wollte wenigstens einmal, nur eine einzige Woche, eine Freundin haben und einmal ein Buch schreiben. Acht Jahre später hatte ich beides.«

Dann warst du glücklich?

»Das Buch, das ich zusammen mit einem Kumpel geschrieben habe, war zwar nur ein Krimi, aber es zählte. Und aus einer Woche wurden zehn Jahre. Außerdem hatte ich Kontaktlinsen bekommen, da redete ich von einem Tag auf den anderen ein Drittel weniger. Davor sahen meine Augen aus wie zwei blaue Mitesser. Ohne Brille hatten sie plötzlich Kraft, ich entdeckte, dass man mit ihnen sprechen kann. Ich war braun gebrannt diesen Sommer, ich schrieb die Schlusskapitel am Krimi, und ich schlief endlich zu zweit. Ich wusste damals, ich werde nie wieder ein Alien sein, ich bin ein Mitglied der menschlichen Gemeinschaft.«

Inwiefern fühltest du dich denn vorher ausgeschlossen?

»Meine Familie ist zwar intelligent, clever und liebt Originalität, aber sie lebte in dem Dorf, wo ich aufwuchs, wie in einer Zelle. Die Schule war für mich ein Schock. Ich war ein kluges Kind, aber ein sozialer Idiot. Gruppendynamik, Machtspiele – nichts hatte mich darauf vorbereitet, dass es das gibt. Ich wurde nicht einmal wirklich oft zusammengehauen. Ich wurde einfach nie mitgenommen. Erst im Gymnasium kam ich auf die Idee, dass das Wichtige an der Schule die Schüler sein könnten – und nicht die Lehrer. Da wurde ich Klassenclown. Bis ich merkte, dass der Clown nicht wirklich respektiert wird. Darauf trainierte ich Schlagfertigkeit wie vorher Witz, verzweifelt, unbegabt, aber zäh.«

Die meisten Teenager arbeiten an ihren Haaren, ihren Muskeln oder ihrer Musiksammlung. Du hast direkt an deiner Person gearbeitet.

»Zwangsweise. Nichts an meinem Sozialverhalten ist natürlich. Ich musste mir alles antrainieren. Flirten, überzeugen bei Sitzungen, den Anschein von Seriosität erwecken, streiten, Fragen stellen, einfach alles. Ich habe mir das mühsam beigebracht, durch *trial and error*. Was geblieben ist, ist der Blick des Kindes mit der Nase an der imaginären Scheibe. Und die Verblüffung darüber, was die Leute sagen und tun, über ihre Selbstverständlichkeit, ihre Sorgen, ihr zufriedenes Fett.«

Ich hatte nie den Eindruck, du littest unter geringem Selbstvertrauen.

»Selbstvertrauen war seit Geburt da, egal wie ich mich sonst fühlte. Es ist ein Erbstück meiner Mutter. Sie begreift im Zweifelsfall immer sich als normal und die anderen als Anekdote. Was mir fehlte, war der Beweis, nicht völlig fremd zu sein. Bis 22 hörte ich von Frauen oft den Satz *Warum verliebt man sich immer in Idioten? Warum kann man sich nicht in dich verlieben?* Das hörte ich sogar gern, ich dachte, das ist der erste Schritt zu einer Erkenntnis. Anstatt schreiend den Raum zu verlassen. Ich war nie der Freund, sondern immer nur der beste Freund. Während andere zu Partys gingen, habe ich Nacht für Nacht Literatur gelesen und dazwischen quasi als Science-Fiction den *Playboy*.«

Die Defizite von früher sind die Stärken von heute.

»Ja, vor allem im Beruf. Ich fürchtete die wirkliche Welt, diejenige in Büchern aber nicht. Also musste ich sie in etwas verwandeln, das mich beruhigte: in etwas, das nach Literatur klang. Vielen Journalisten geht es um Information. Für mich geht es darum, den Leuten unter der Maske der Information eine Geschichte zu erzählen. Mal fröhlich, mal sachlich, mal grausam. Vorgeblich schreibst du über Bankenkrise, das Parlament oder Fußball, in Wahrheit erzählst du über die Schönheit, die Dummheit, die Komik, die Vertracktheit, kurz: den Zauber der Welt. Für mich ist Journalismus ein romantischer Beruf.«

Du hast mit dieser Haltung Erfolg. Du bist ein mehrfach preisgekrönter Journalist.

»Aber das war eher eine Enttäuschung. Früher dachte ich, Preise sind glamourös. Heute weiß ich, nein, du fühlst dich eher traurig dabei. Eine Ehrung ist letztlich nur eine positive Beleidigung, gegen die man sich nicht wehren kann. Auf *du Drecksack!* musst du was sagen. Auf Komplimente, egal für was, kannst du nur den Kopf neigen.«

Das klingt einigermaßen kokett.

»Klar. Trotzdem war die Zeit, als ich in sehr kleinen Zeitungen die Ideen erprobte, die ich jetzt in etablierten verkaufe, fröhlicher. Damals dachte ich, alle anderen sind klüger, informierter, besser, und ich bin nur ein Hochstapler. Ich steckte viel heimlichen Fleiß in einen lässigen Stil. Und hatte bei jedem Artikel das Gefühl, ein Erschießungskommando rückt an – und es war ein tolles Gefühl, immer wieder zu überleben. Heute mache ich dasselbe wie früher, nur schneller. Und ich kann eigentlich schreiben, was ich will, schlicht, weil sich die Leute an mich gewöhnt haben. Was früher Kühnheit war, ist heute Marke.«

Als Marke bei einem großen Blatt verdient man mehr Geld.

»Das ist praktisch, sicher. Bis 35 habe ich weniger als eine Putzfrau verdient. Aber das hat mich damals nicht gestört. Am Monatsersten habe ich immer fast das ganze Gehalt abgehoben und mir als Bündel in die Hosentasche gesteckt. Und ich hatte das Gefühl: Du könntest alles kaufen, du bist reich! Und was Luxus angeht, habe ich eine derart übersteigerte Vorstellung davon, dass ich nie Neid verspürt habe. Meine Idee von Luxus wäre ein Speisezimmer, gebaut wie eine gotische Kathedrale, in der die Beleuchtung durch 300 Fackeln tragende nubische Tänzer übernommen wird, die je ein hungriges Krokodil an der Kette zurückhalten, und in den Mündern der Krokodile funkeln Tausende Diamantzähne, in denen sich das blaue Feuer bricht, das die vier flambierten Elefanten verbreiten. So sieht wahrer Luxus aus. Da fällt es sehr schwer, einen Banker wie den Ex-Chef der UBS Marcel Ospel um seine 14-Zimmer-Villa im Schweizer Steuerparadies Wollerau zu beneiden.«

Geld ist also kein Problem für dich. Was dann?

»Der Hang zur Wiederholung. Ich glaube an die Veränderbarkeit der Welt – und selbst wenn das nicht stimmt, ist es die interessantere Position. Und ich glaube von mir, ein lebendiges und abenteuerliches Herz zu haben, aber wenn ich mein Leben anschaue, gäbe das nicht mal Stoff her für einen sehr langweiligen Dokumentarfilm. Ich rasiere mich am Morgen, dann lese ich in einem uncoolen Oma-Café die Zeitung, den Tag verbringe ich vor dem Computer und die Nacht manchmal auch. Und das Resultat? Seit zwanzig Jahren bin ich mit großer Regelmäßigkeit bei der Altpapierentsorgung dabei.«

Wie lebt es sich damit?

»Ich muss sagen, dass mir die ersten Anzeichen des Alters mehr zu schaffen machen, als ich dachte. Ich war überzeugt, ich werde das Alter cool nehmen, weil ich nie cool war. Ich war nie jung, gehörte nie einer Ingroup an, und die Jugend interessiert mich heute noch immer nicht. Aber eben, der Weg ist gewählt, manche Kämpfe sind gewonnen, und ich bin verwundbar geworden. Die Illusion von Unsterblichkeit rührt ja vom Gefühl her, unendlich viele Möglichkeiten zu haben. Und das ist weg. Meine Reise geht dahin, den anderen immer mehr gleich zu werden. Wie die Zürcher Friedhofsordnung das vorgibt. Auf den Grabsteinen sind nur Namen, Daten und ein Normsymbol wie Kreuz oder Rose erlaubt – kein Foto, nicht einmal ein einziger Satz.«

Du bist ein relativ frisch gewordener Vater. Hilft das nicht?

»Klar, es ist die Zukunft, so ein Kind. Man sieht das, wenn man das Murkelchen rasch nacheinander fotografiert. Der Ausdruck im Gesicht wechselt schneller als das Wetter über Irland: Melancholie, Strahlen, Ernst, Doofheit, Staunen, Ekel, Skepsis, Gier, Wahnsinn, tiefe Weisheit. So ein kleines Kind ist pure Möglichkeit. Nicht umsonst haben Babys ja zum Beispiel in Supermärkten eine unheimliche Anziehung auf ältere Leute. Auf den ersten Blick wirkt es gespenstisch, als ob die Alten per Berührung versuchen, Lebenskraft aus dem Säugling zu ziehen. Aber ich glaube, es ist etwas anderes. Das Neugeborene sieht auch alte Leute ohne Anstrengung an wie alles sonst – als etwas völlig Neues. Das ist ein Blick, dem sie sonst fast nie begegnen. Gerade ältere Damen werden ja für die Gesellschaft nahezu unsichtbar.«

Dieser Babyblick macht auch dich wieder jung?

»Das Erstaunliche ist ja, wie sehr man von der ersten Minute an in einem so kleinen Wurm ein Gegenüber hat. Es hat keine Zähne, keine Haare und weiß nichts, aber es schafft Fakten. Das Murkel kam und bleibt.«

Du lebst jetzt in einem normalen Haushalt, mit gesunder Ernährung und einem normalen Tagesrhythmus. Kaum zu glauben für jemanden, der dich vor zehn Jahren kannte.

»Die böse Überraschung bei einem Kind ist ja, dass nicht du das Kind erziehst, sondern das Kind erzieht erst mal dich. Und zwar so, wie du noch nie erzogen worden bist. Pünktlichkeit, Sauberkeit der Wohnung, Verlässlichkeit – all das, woran Eltern, Lehrer, Freundinnen vierzig Jahre lang gescheitert sind, wird dir in vier Wochen beigebracht. Und das Kind hat ein schlagendes Argument dafür – Notwendigkeit. Es geht nicht ohne. Und das ist das einzige Argument, das zählt. Freiwillig zu funktionieren, ohne Notwendigkeit, halte ich für eine Idiotie. Und bei aller Nostalgie für früher muss ich sagen, dass es durchaus Spaß macht. Es ist ein Vergnügen, das Baby zu amüsieren und durch die Gegend zu kutschieren, und es ist lustig, es in Tücher zu rollen und Wasser mit Milchpulver zu mixen. Man wird geschickter und freut sich daran. In der Tierpsychologie gibt es dafür den Begriff *Funktionslust*. Das ist, was Katzen spüren, wenn sie lauern, oder Hunde, die rennen.«

Das ist das Neue? Funktionslust im Haushalt?

»Nun, als in der Neujahrsnacht die Mutter meiner Freundin einen Schlaganfall hatte oder als im Oktober davor ihr Bruder im Tsunami bei Samoa zwei Tage vermisst wurde, in dem Moment trug das Murkel die Familie. Es war in den finsteren Tagen das Licht, sinnvolle Arbeit und Quelle einer Freude, die nicht vom Unglück erreicht wurde. Plötzlich zeigte sich: Das Murkel ist wie eine Versicherung, dass man nicht nur seinem eigenen Leben ausgeliefert ist. In diesen Tagen hat es sich seine Pulvermilch redlich verdient.«

Du trägst jetzt Verantwortung. Ist es das, was dich verändert hat?

»Als Familie ist man nicht weiter drei Einzelpersonen, sondern ein System. Und wenn das Baby schreit, kann ich mich gar nicht erst fragen, ob ich glücklich bin oder nicht. Ich muss einfach handeln. Handeln und verhandeln, darin besteht mein neues Leben. Die Freiheit hat eindeutig ab- und die Organisation zugenommen. Dabei war Zeitverschwendung für mich ein Leben lang die größte Quelle von Glück. Ich versinke gern. Nächtelang lesen, nächtelang arbeiten, nächtelang fernsehen, nächtelang reden – je endloser etwas dauerte, desto glücklicher war ich. Mit einem Baby kann man froh sein, überhaupt geduscht zu haben.«

Warum wolltest du eigentlich ein Kind?

»Aus Liebe, Übermut und Ärger. Einerseits aus Verliebtheit und dem Gefühl *Let's do it*. Wie wenn im Film zwei von einer Klippe ins Meer springen. Und dann dachte ich, es ist egal, ob du dreißig oder vierzig mit Artikeln gefüllte Aktenordner im Regal stehen hast, wenn du stirbst. Und es schien mir mit über vierzig Jahren endlich Zeit, erwachsen zu werden.«

Ehrlich?

»Das Gemeine am Leben ist, dass nicht nur deine Schwächen irgendwann zu Stärken werden. Sondern auch deine Stärken zur Gefahr. Lange glaubte ich, dass meine Gleichgültigkeit gegen Wohnungseinrichtung, Geld, Essen und Pünktlichkeit ein großes Glück sei. Andere verschwendeten viele Sorgen daran, ich war frei. Ich kümmerte mich um das, was wirklich zählte, die Liebe, das Vergnügen, den Job. Und dann zieht man mit seiner großen Liebe zusammen – und entdeckt plötzlich, dass man auf mehreren Gebieten nicht nur etwas lax ist, sondern gar keine Identität hat. Bei der Wohnung, dem Essen, Hobbys, Ferien – da existierte gar niemand unter meinem Namen. Keine Routine, keine Position, nicht der leiseste Wunsch, außer vielleicht der, damit in Ruhe gelassen zu werden. Da wird man angreifbar.«

Bist du diesbezüglich weitergekommen?

»Zum Teil, und nie hätte ich gedacht, wie schwer es mir fallen würde, mich zu ändern. Und auch Kritik – ich dachte immer, ich bin kritikfähig. Aber das bin ich nur im Job. Da weiß ich, was ich tue. Wenn es im Leben ans Lebendige geht, bin ich eher so wie die Banker und versuche nach jedem Crash dieselben Rezepte noch mal. Bei ernsthafter

Kritik werde ich erstaunlich taub. Es war ein Kampf, und geendet hat er nicht mit einer triumphalen Lösung. Einiges Zeug interessiert mich immer noch nicht. Kochen etwa – ich kann mir nichts merken. Aber ich werde geschickter und sehe dadurch mehr, etwa tausend Dinge, die herumstehen. Ich bin weniger faul, auch mit Menschen, ich rede klarer.«

Das heißt, du wirst ernsthaft erwachsen.

»Ein zweites Mal erwachsen zu werden fühlt sich an wie nochmals Pubertät. Du empfindest dich als schief, unklar, finster. Was du gelernt hast, funktioniert nicht mehr. Wer du bist, genügt nicht. Und damit breitet sich der Verdacht auch auf andere Routinen aus, die bombenfest waren. Wie sehe ich eigentlich Partnerschaft? Und meine Freundlichkeit, auf die ich immer stolz war – ist sie nicht ein zerstreutes Desinteresse? Du hörst wie zwanzig Jahre davor plötzlich auf, dich zu kennen. Und weißt nicht mehr: Bin ich ein Kind des Glücks oder der traurigste aller Jungs? Ein großzügiger Mensch oder ein kalter Egoist? Furchtlos vor dem Spiegel oder ein eitler Sack? Voller Hoffnung oder voller Sorgen? Plötzlich lassen sich für beides Argumente finden. Dabei dachte ich lange, ich kenne mich in- und auswendig.«

Vielleicht bist du einfach klüger geworden.

»Klar ist mir im Moment nur, dass ich wie viele Männer ein Berufsmensch bin. Und schreiben bedeutet zwar, du musst dich von Satz zu Satz entscheiden. Doch im Großen ist es ein Beruf für Leute, die sich nicht entscheiden. Du kannst je nach Thema einen Artikel fröhlich, den nächsten finster schreiben. Im Leben dagegen ist es wichtig, Position zu beziehen. Etwa in der Beziehung. Lange hieß mein Konzept nur: *We are together, everything is fine.* Damit komme ich nicht länger durch. Denn Position zu beziehen, Mal für Mal, das bedeutet wohl Familie.«

Und wie willst du dahin kommen?

»Ich frage öfter. Ich habe gelernt, direkter zu werden. Es ist wie bei Parzival. Man wird als Narr erzogen, streift als Ritter in schimmernder Rüstung durch die Welt, bekämpft ein paar Drachen, freit ein paar Jungfrauen – und am Ende zählen dann die ganz einfachen Dinge. Etwa einem Kranken die Frage zu stellen: Was quält dich? Sagen wir es so: Ich habe am Buffet des Lebens immer die Extrawurst verlangt, selbst wenn das Menü besser gewesen wäre. Ich fürchte, die Extrawürste sind jetzt ausgegangen. Das ist schade, aber auch interessant. So, denke ich dann, so sieht das also aus in der Mitte des Lebens.«

»*Ehrlichkeit ist mein Luxus*«

FRANZISKA JACQUES, 43, EHEMALS KINDER-
GÄRTNERIN, ARBEITET HEUTE ALS PUTZFRAU

»Ich habe immer ums Glück gekämpft und bin dabei immer unglücklicher geworden«, sagt Franziska Jacques über ihr Leben. Es ist ein Leben, das die Liebe in den Mittelpunkt stellt. Nie hat Franziska Jacques die Sehnsucht nach »dem Richtigen« klein werden lassen. Der Preis dafür – zwei Scheidungen, drei Kindern von drei Vätern und ein Selbstmordversuch – scheint ihr bis heute nicht zu hoch. Doch auch wenn sie ihren Alltag völlig klagefrei schildert, wird schnell klar: Sie bezahlt bis heute für ihre Entscheidung, sich nicht zufriedenzugeben mit dem tatsächlichen Leben, den wirklichen Männern. Sie bezahlt dafür, dass sie sich weigerte, den Schein zu wahren, während dahinter der Mangel nagte. Sie bezahlt dafür, dass sie die Hoffnung auf Seligkeit nicht aufgeben will.

Jeden Morgen steht sie um Viertel vor vier auf und verteilt Zeitungen. Zurück von der Tour weckt sie ihre Kinder und frühstückt mit ihnen. Sie putzt drei Tage die Woche in fremden Haushalten, über Mittag macht sie im Schulhaus des Dorfes, wo sie wohnt, sauber. So fehlt es den Kindern »materiell an nichts«. »Meine Zeit wird noch kommen«, sagt Franziska Jacques.

Ich ging mit Franziska in die Primarschule. Sie war ein Mädchen mit kornblumenblauen Augen. Langes, goldblondes Haar spielte um ein schmales Gesicht und einen schlanken Hals. In meinen Augen war sie hübsch, tonangebend und voller Ideen. Eine dieser Ideen war, dass wir den Hit *Ti amo, ti amo, ti amo* nachsangen, dazu tanzten, uns gegenseitig benoteten und zum Schluss eine Siegerin kürten, fast immer hieß sie Franziska. Ich beneidete sie um ihre zwei älteren Schwestern und den kleinen Bruder und um den Duft nach frisch gebackenem Zopf, der ihr Haus am Samstagmorgen durchströmte. Ich hatte zu Hause vier Brüder und überforderte Eltern, sie hingegen hatte einen strengen Polizisten als Vater und eine geschmeidige Mutter, da herrschte Ordnung.

Als wir vierzig waren, gab es ein Klassentreffen. Die Gesichter waren von Erfahrung gezeichnet; und wie Bäume hatten vor allem die Männer Jahresringe angelegt, die viel von ihren Ernährungsgewohnheiten und Fernsehritualen verrieten und darüber, wie die Heirat ihr Konkurrenzverhalten verändert hatte. Hier kamen Menschen zusammen, deren Leben so unerschütterlich in den vorgegebenen Bahnen verliefen wie schwere Diesellokomotiven. Hochzeit, Kinder, Haus – das waren die Stationen, die von den meisten passiert worden waren, in dieser Reihenfolge. Ich (kein

Haus), Daniel (einen Mann als Partner) und Mariella (keine Heirat, keine Kinder) scherten aus – und Franziska.

Sie trägt die Haare jetzt dunkelbraun gefärbt und kurz geschnitten, sie wohnt mit ihren drei Kindern in viereinhalb Zimmern, für deren Gemütlichkeit die gelernte Kindergärtnerin mit Eifer bastelt. Aus einem Spiegel wird ein geschmückter Untersatz für Kerzen, eine rosarote Federboa wird zum Zierrat für den Fernseher; und überall hängen Engel, so hat sie die Kirche, die sie nicht mehr besucht, zu sich nach Hause geholt. Wenn es ihr schlecht geht, stellt sie die Wohnung um, wenige Möbel bleiben jeweils am alten Ort. »Das ist eine Art Ritual. Danach weiß ich wieder, wer ich bin.« Nach vollendetem Werk ist sie schweißgebadet – und ruhiger.

Franziska willigt sofort ein, von sich zu erzählen. »Ich stehe zu meinem Leben«, sagt sie, »Ehrlichkeit ist der Luxus, den ich mir leiste.« Und das will in ihrem Fall etwas heißen, denn an ihrer Lebensart entzündet sich regelmäßig der Klatsch des kleinen Dorfes, in dem sie aufgewachsen ist und das sie nie verlassen hat.

Klar, schnell, schonungslos erzählt sie von ihrer ersten Ehe. Sehr jung sei sie da gewesen und blind vor Liebe. Er war ein gläubiger Moslem aus Ex-Jugoslawien mit großer, bestimmender Familie im Hintergrund; sie war katholisch aufgewachsen und auf der Suche nach dem eigenen, unabhängigen Leben. Das Trennende war schnell zur Stelle und wurde größer. »Bis das Zusammenleben nur noch Fassade war.« Sie kam nach Hause und fühlte sich nicht zu Hause. Sie zog die Konsequenzen und setzte alles daran, dass Vater und Sohn eine echte Beziehung unterhielten. Der heute 20-jährige lebt bei ihr. Er sei aber sehr auf seinen Vater bezogen, »mehr, als mir manchmal lieb ist«.

Statt die Sehnsucht nach Liebe aufzugeben, stürzte sich Franziska ins nächste Abenteuer, eine Affäre mit einem Jugendfreund. Doch aus dem Jugendfreund war ein Mann geworden, der drohte, sie umzubringen, wenn er getrunken hatte.

Erst mit der zweiten Heirat probierte sie das Gegenteil, die Vernunftehe. Sie traf auf den perfekten Ehemann, er war nett, zwölf Jahre älter als sie, hatte einen guten Job und wollte nichts mehr als Kinder mit ihr. »Die Hochzeit war ein Traum in Weiß«, sagt Franziska Jacques.

Dem Kinderwunsch musste sie mit künstlicher Befruchtung nachhelfen. Es wurde ein Sohn, und ihr Mann war stolz auf sie, auf sich. »Wir waren eine schöne Familie, ich musste nicht einmal mehr arbeiten.« Sie war am Ziel, eine kleinbürgerliche Familie in einer kleinbürgerlichen Welt. Doch in ihrem Herzen brannte der Wunsch nach der idealen Liebe weiter, den man mit der Ehe stillschweigend aufgeben sollte, und drängte ihr Fragen auf. Führe ich jetzt das Leben, das ich mir wünschte? Ist dieser Mann mein Traummann? Sie hätte diese Fragen mit einem bedingungslosen Ja beantworten wollen. Und stieß stattdessen auf Zweifel. »Wenn er mich berührte, berührte mich das nicht richtig. Ich fühlte mich nicht gemeint. Er interessierte sich nicht wirklich für mich.« Sie fing an, wieder auszugehen, lernte schon bald den Vater ihres dritten Sohnes kennen.

Als sie hochschwanger vor Gericht erschien, um sich von ihrem zweiten Mann zu trennen, lernte sie dann auch noch die kleinbürgerliche Hölle kennen: den Dorfplatz.

»Von diesem Tag an war ich *die Nutte*. Die Leute nahmen sich nicht einmal die Mühe, mich das nicht hören zu lassen. Und jemand hatte mit Erfolg das Gerücht gestreut, mein drittes Kind habe einen schwarzen Vater.«

»Das sind die Fantasien der Verklemmten, die es hier gibt«, sagt sie dazu. Die Geburtsanzeige, die auf einen Vater schweizerischer Herkunft schließen ließ, beruhigte die Gemüter nicht. Fassungslos starrten die Leute in den Wagen und auf das schneeweiße Kind. Sie widerstand der Versuchung, die Gesichter, die ihr begegneten, nach einem Zucken der Verachtung abzusuchen. Wenn jemand ihr den Gruß verweigerte oder die Straßenseite wechselte, nahm sie das zur Kenntnis, zwang sich jedoch zu Vergesslichkeit. Auch ihre Eltern standen nicht mehr hinter ihr. Die erste Begegnung mit der zum dritten Mal Mutter gewordenen Tochter fand durch Zufall und mitten auf der Straße statt. Freundliche Blicke und Worte nur für den neuen Enkel.

Inzwischen hat Franziska ihren Platz im Dorf gefunden. Sie sei eine Außenseiterin. »Aber es gibt einige Leute, die den Kontakt und sogar meinen Rat suchen.« Sie erzählt von langen, guten Gesprächen, oft mit Männern, oft über Sexualität. Eigentlich übernehme sie im dörflichen Leben eine inoffizielle Funktion. »Ich rede mit den Leuten über ihre Lust, über die verratenen Ideale. So gesehen, bin ich vielleicht tatsächlich zur Dorfnutte geworden.«

Hinter diesen Worten steht viel Unabhängigkeit. Doch die wurde Franziska Jacques nicht geschenkt. Nach der Geburt des dritten Kindes habe sie sich danach gesehnt, dass jemand sie aufrichtig fragen würde, wie es ihr gehe. Sie hätte jemandem erzählen wollen, wie alleine sie sich fühlte. Dass sie manchmal einfach nicht mehr mochte. Dass sie in den Nächten wach lag, die eigenen Fehlschläge aufzählte und dass ihre Liste lang war. Doch solche Bekenntnisse hätten freundliche Ohren gebraucht, und die waren rar.

Sie erzählt vom Tag ihres Selbstmordversuchs. Sie saß alleine in ihrer Wohnung, jedes Kind war beim jeweiligen Vater. Auch ihr drittes Kind war bei seinem Vater und dessen Frau. Angeblich hätte sich dieser schon lange von seiner Frau trennen wollen, obwohl die beiden eine Tochter hatten. Tatsächlich aber wohnte er zuweilen bei Franziska, zuweilen bei seiner Frau. Kürzlich hatte sie die beiden von fern gesehen, die Frau trug ihren Sohn im Tragetuch. Jetzt stieg dieses Bild wieder in ihr hoch. Sie öffnete eine Flasche Wein, schluckte alle Schlaftabletten, die sie finden konnte, und ritzte sich die Beine auf. Als sie sah, wie das Blut auf den Küchenboden floss, empfand sie das als Erlösung. Sie konnte ihre Augen nur noch mit großer Mühe offen halten, als sie zum Telefon griff und eine Bekannte anrief. »Regula, hilf« – an diese zwei Worte kann sie sich erinnern. Als sie wieder aufwachte, war sie auf der Intensivstation des Kantonsspitals.

Es folgten ein Aufenthalt in einer psychiatrischen Klinik und drei Wochen in einem Rehabilitationsheim auf dem Land, »ein wunderschöner Ort, wo ich Frieden schließen konnte mit mir selbst. Ich hatte mich dem Tod in die Arme gegeben und ein neues Leben gewonnen.«

Doch erst einmal war sie ganz auf sich zurückgeworfen. Und das war kein ausschließlich nettes Gefühl. Sie ließ ihr Leben Revue passieren, entdeckte Verletzungen, die sie lange schwächten. Sie hatte ein kleines Mädchen mit langen, blonden Haaren vor Augen, das regelmäßig mit den älteren Schwestern verglichen wurde und dabei nicht gut abschnitt. Sie sah ein Mädchen in der Badewanne sitzen und eine Mutter, die hereinkommt, einen prüfenden Blick auf ihre Brüste wirft und sagt: »Du bist auch nicht gerade weit in deiner Entwicklung.« Sie erkannte eine Sechstklässlerin, die in der Schule eine Prüfungsniederlage einstecken musste, und einen Vater in Versuchung, sie deswegen zu schlagen. Sie erblickte eine Frau, die sich in einen Mann verliebt, und Eltern, die ihre Wahl nicht für gut befinden. Immer wieder tauchte in immer neuen Variationen eine Tochter auf, die es ihren Eltern nicht recht machen konnte.

Es war ein Rendezvous mit sich. Ihre Eltern durften sie nicht besuchen. Diese Verweigerung kostete sie Kraft und gab ihr welche. Sie wollte den Mut finden, sich selbst zu mögen. »Ich mag mich. Ich bin in Ordnung. Ich stehe zu meinen Entscheidungen. Ich stehe zu meinem Leben. Ich bin in Ordnung. Diese Sätze waren mein Mantra.«

Als sie nach Hause zurückkehrte, erfuhr sie, dass der Vater ihres dritten Kindes mit seiner Frau eine große Aussprache gehabt hatte. Diese Frau wusste jetzt alles über sie. Das empfand sie als Verrat. Da erst hatte sie die Kraft, auch den Traum vom Glück mit diesem Mann platzen zu lassen. Sie setzte ihn vor die Tür.

Und jetzt lebt sie mit drei Kindern, ohne Mann, obwohl die Partnerschaft für sie eigentlich immer an erster Stelle gestanden hat. Kinder hingegen sah sie immer schon weniger als Kitt für eine Beziehung und mehr als Belastung. Sie weiß aber auch, dass ihre Beziehungen nicht an den Kindern zerbrachen, sondern an ihrer Sehnsucht nach dem richtigen Mann. »Die Kinder sind etwas Schönes, Großes, sie bringen Verantwortung, und sie sind eine Leihgabe«, sagt sie, »Kinder werden erwachsen und gehen eines Tages ihre eigenen Wege.« Die Kinder kosten aber auch Kraft, die Väter kosten Kraft, und natürlich kostet auch die Arbeit Kraft. Sie putzt zwar nicht ungern, und ältere Menschen begrüßen sie oft mit leuchtenden Augen, für sie ist sie »manchmal fast wie ein Schutzengel gegen die Einsamkeit«. Das freut sie. Aber Erfüllung bedeutet diese Arbeit nicht.

»Mein Alltag macht mich oft nicht glücklich«, sagt Franziska. Und trotzdem möchte sie auf keinen Fall mit jemandem das Leben tauschen. »Ein perfektes Leben gibt es nicht.«

Die Suche nach der absoluten Liebe hat Franziska an die Grenzen ihrer Belastbarkeit geführt und darüber hinaus. Gewonnen hat sie einen genauen Blick auf ihre Mitmenschen. Von herausgeputzten Fassaden lässt sie sich nicht beeindrucken. Sie sei »ganz fest auf dem Boden«, sie könne »auf eine riesige Lebenserfahrung zurückgreifen«, sie lebe nicht in einer heilen Welt, sagt sie. Und immer noch sagt sie: »Glück, das ist ein Mann und eine Frau und Liebe dazwischen.«

»Es gibt Sachen, die man selber verkackt. Und es gibt Sachen, die sind verkackt«

RENÉ WERNICKE, 34, GEBÄUDEREINIGER

René Wernickes Leben hat sich dreimal radikal gewendet. Er war elf Jahre alt, als sein Judotrainer ihn sexuell missbrauchte, er war 18, als seine neugeborene Tochter zur Adoption freigegeben wurde, und er war 27, als die Polizei ihn frühmorgens um 5 Uhr 30 aus dem Bett holte, wegen Verletzung des Betäubungsmittelgesetzes. Die dritte Wende sieht René Wernicke als Glück: »Die Verhaftung hat mein Leben gerettet. Ich fing an nachzudenken.«

Um zu überleben, wo René Wernicke wohnt, braucht es eine gewisse Courage. Schon am frühen Nachmittag kreisen in diesem Hinterhof in Berlin-Neukölln die Weinflaschen, Bierdosen werden in streng in den Nacken gelegte Köpfe geleert. Manchmal kann man beobachten, wie einer auf dem Fensterbrett eine Linie zieht. In einer Ecke spielen

Roma-Kinder und bringen frischere, helle Töne in dieses Hinterhofleben. Die Tage werden weder von einem Arbeitsbeginn noch von einem Arbeitsende strukturiert, denn Arbeit hat hier keiner. Außer René Wernicke.

Das Treppenhaus ist dunkel, die Stufen sind ausgetreten. Aber wenn Wernicke die Wohnungstür aufschließt, springt ihm Hera entgegen und wedelt mit dem Schwanz, und er hat das Gefühl, bei sich selbst angekommen zu sein: »Hier bin ich wirklich per Du mit mir. Ich bin ein Nestbauer.« Er zeigt auf das große Aquarium, welches das eher dunkle Wohnzimmer in grünliches Licht taucht: »Mindestens eineinhalb Tonnen schwer.« Und auf die vielen Pflanzen: »Ich habe einen grünen Daumen.« Eigentlich höre er gerne brachiale Bands wie Nick Cave and the Bad Seeds oder Ton Steine Scherben, aber für die Pflanzen spiele er manchmal eine klassische CD ab, »weil die das mögen, das ist wissenschaftlich erwiesen«. Dann lege er sich aufs Sofa und träume von dem Bauernhof, den er irgendwann mal besitzen werde: »Dafür arbeite ich. Das ist mein Ziel. Geld verdienen und einen Bauernhof kaufen. Wiesen, Bäume, alles blühend. Aufstehen mit den Hühnern. Denn das Leben in der Stadt ist ja nicht wirklich artgerecht, weder für Mensch noch Tier.«

Wernicke streicht seiner Hündin fortwährend über den Rücken, so besänftigt er die Angst, dass sie die Verwirklichung seiner Sehnsucht, »meinen Garten Eden«, nicht mehr erleben könnte. Hera sei vierzehn Jahre alt, eine Oma eigentlich, und habe Krebs, hier und hier und hier, überall Tumore. Der Sommer sei für sie besonders anstrengend, er habe deshalb einen Ventilator gekauft, so falle ihr das Atmen leichter. Hera sei eine schwere Geburt und mal richtig

hart drauf gewesen, sagt er, ein aggressives Tier, sie so hin-
zukriegen, so entspannt, »das war vielleicht Arbeit«. Aber
jetzt: »Hera ist mein Glück. Wenn ich heule, selbst wenn es
nur innerlich ist, spürt sie das und tröstet mich. Welcher
Mensch macht das schon?« Sie bringe ein Stück Struktur
in sein Leben. Er habe oft Gäste, doch selbst wenn alles im
Suff versinke, stehe er auf und sage: »Wisst ihr was, Jungs,
ich muss mal raus mit meiner Hera.«

René Wernicke ist ein großer, kräftiger, junger Mann
mit einem zutraulichen Gesicht, in dem runde, blaue Augen schwimmen und weiche Lippen. Sein bisheriges Leben
fasst er so zusammen: »Es gibt Sachen, die man selber verkackt. Und es gibt Sachen, die sind verkackt.«

René Wernickes Mutter war schwanger mit einem
schwarzen Kind, als sie seinen Vater kennenlernte. Dass er
zu ihr stand und zwei weitere Jungen mit ihr hatte, darunter ihn, René, das sei das »absolut Einzige«, was er Gutes
über seinen Vater berichten könne. Sonst erinnert er sich an
ein gebrochenes Nasenbein: »Du Niggerkind«, habe sein
Vater zu seinem älteren Halbbruder gesagt und zugeschla-
gen, er sei ja Boxer gewesen. Sein jüngerer Bruder mochte
keine Blutwurst. Er habe sie bei Tisch jeweils unter seinem
Pullover versteckt und dann in einer Zimmerecke depo-
niert. Als der Vater eines Tages den inzwischen opulenten
Wurstberg entdeckte, der stank, schimmelte und von Wür-
mern belebt wurde, habe er seinen Bruder an den Ohren
herbeigeholt und ihn gezwungen, alles zu essen. Aber das
Schlimmste, was man einem Kind antun könne, Verrat
nämlich, habe er ihm, René, angetan: Sein Judotrainer sei
der beste Kumpel seines Vaters gewesen und ein Freund
der Familie. An dem betreffenden Abend habe er bei ihnen

auf der Couch übernachtet und ihn, René, zu sich gelockt mit der Aufforderung, sie könnten zusammen doch noch ein bisschen fernsehen. Er erinnere sich an die Farbe des Slips, an alles. Er sei danach zu seiner Mutter ins Bett gegangen, die habe den Trainer mitten in der Nacht rausgeschmissen. Sein Vater sei dabei gewesen.

Sieben Jahre später stand René Wernicke vor Gericht, um zusammen mit einem anderen Jungen seinen ehemaligen Trainer wegen sexuellen Missbrauchs anzuklagen. Sein Vater und seine Mutter sollten seine Aussage stützen. Auf seine Mutter konnte er sich verlassen. »Und was tat mein Vater? Er sagte: Ich erinnere mich an nichts.« Für diese krasse Verleugnung, die dazu geführt habe, dass »diese Kreatur, die mein Leben zerstört hat, noch immer frei herumläuft«, habe er keine Worte. Nur Zweifel: »Da zweifelt man an der Gerechtigkeit.« Seither glaube er an René Wernicke, sagt René Wernicke, und an sonst niemanden. Die fehlende öffentliche Anerkennung der Tat und das straflose Davonkommen »dieses Triebtäters« seien für ihn annähernd so schlimm wie die Tat selbst. Er könne seinem Vater nicht verzeihen: »Zu seiner Beerdigung werde ich nicht gehen. Mein Vater ist für mich jetzt schon gestorben.«

Das Streicheln von Hera wird nur unterbrochen, wenn Wernicke aufsteht, um ein neues Bier zu holen. Sein Sport sei ihm damals abhandengekommen und damit alles, was ihm wichtig war, sagt René Wernicke. Als Leistungssportler habe er unter der Woche trainiert, am Wochenende sei er an Wettkämpfen gewesen und oft mit Medaillen nach Hause gekommen, was ihm zu DDR-Zeiten Wertschätzung eingebracht habe. »Zur Belohnung durfte ich auf dem Schoß meines Trainers sitzen. Ich will ja nicht wissen, was da jeweils in seinem Kopf abgelaufen ist.« Jetzt hatte Wernicke plötzlich ganz viel leere Zeit, die er mit »Rebellion in der Schule – das volle Programm« und mit »kleineren kriminellen Handlungen« gefüllt habe, also Raubüberfälle, Diebstahl, Drogen: »Ich habe viel Mist gebaut. Die übliche Karriere für ein Kind aus sogenannt zerrütteten Verhältnissen.«

Sein Vertrauen in Erwachsene sei durch den Übergriff seines Judolehrers zerstört worden, sagt er. »Statt dass der Täter bestraft worden wäre, musste ich etliche Gutachten und Gespräche über mich ergehen lassen, von wegen Gefahr, dass ich vom Opfer zum Täter werden könnte.« Wernicke lässt seine Sanftheit fahren: »So ein Scheiß. Als Opfer mit pädophilen Neigungen wäre mir klar, was ich zu tun hätte: mich an einem Haken aufhängen. Da musst du konsequent sein. Sonst hast du keine Moral.«

Und Moral sei ihm wichtig, er wolle für seine Handlungen geradestehen. »Das bin ich mir schuldig. Das ist eine Frage der Selbstachtung«, sagt er. Obwohl er in seinem Hirn wohl schon ein kleiner Krimineller sei, habe er es »anderen Menschen gegenüber nie am grundlegenden Respekt fehlen lassen«. Ganz im Gegensatz zu seinem Vater, seinem ehemaligen Judotrainer und auch im Gegensatz zum Vormund, der seiner 17-jährigen Freundin damals eingeredet habe, ihre gemeinsame Tochter zur Adoption freizugeben. Die seien die wahren Verbrecher, sagt Wernicke, weil sie Leben vorsätzlich zerstört hätten. »Gerade als ich wieder Hoffnung schöpfte. Wir hatten eine kleine Wohnung, ich hatte eine Lehre angefangen, und es wäre nur noch ein Jahr gewesen bis zum Ende meiner Bewährungsstrafe wegen einem Raubüberfall mit schwerer Körperverletzung.« Er brach die Lehre ab und ließ sich in eine steile Drogenkarriere fallen: »Wenn etwas Scheiße läuft, gebe ich schnell auf. Ich hab da keine Widerstandskraft. Ich verliere den Glauben an mich und die Welt und sehe nur noch schwarz und bekomme etwas Zerstörerisches. Kack auf alles, ist dann meine Haltung.« Seine Tochter sei jetzt 16 Jahre alt. Bis sie drei war, habe er noch Fotos zugeschickt bekommen. Seine Versuche, weitere zu erhalten, seien gescheitert. Er hoffe, dass sein Mädchen gelernt habe zu lachen. Er hoffe sehr, dass sie eines Tages vor der Türe stehe und ihn kennenlernen wolle.

Es läutet, aber es ist nur der Nachbar, der fragt, ob Wernicke vielleicht Pfandflaschen habe. Wernicke gibt ihm welche. »Wenn ich helfen kann, mach ich das doch gern. Ich habe es ja nicht nötig, Pfandflaschen zu sammeln.« Dass er sich großzügig geben und sich von seinen Nachbarn sichtbar unterscheiden kann, ist ihm so wieder einmal bewusst geworden und trägt mit dazu bei, dass er jetzt unmittelbar froher wirkt und für sein Leben eine hellere Kulisse aufrollt: »Man kann Pech haben, aber man kann auch Glück haben. Mein jetziger Chef, der Klaus Winkelmann, schreib seinen Namen bitte hin, das ist mein großer Retter. Ein Mensch, dem gegenüber man sich sofort öffnen kann. Er wusste alles über mich und hat mir eine Chance gegeben, als ich in meinem dritten großen Loch saß. Das vergess ich ihm nie. Vergangenheit, Pipapo, sagte er, zeig, was du kannst, bring Leistung.«

Ihm habe er eigentlich die letzten drei Jahre zu verdanken, sagt Wernicke. Er sei es auch gewesen, der ihn ermuntert habe, den Führerschein zu machen, nachdem er jahrelang ohne herumgefahren sei. Er sei nicht nur ein Freund, er sei »ein väterlicher Freund«. Und als Zeichen von Liebe deutet Wernicke, »dass Winkelmanns Frau nach 38 Jahren Ehe immer noch eifersüchtig ist, das ist der Hammer«. Mit seinem Job, »eine ganz normale Arbeit, Fenster putzen und so«, sei »ein bisschen Vernunft in ein unvernünftiges Leben« eingekehrt, sagt Wernicke. Vor wenigen Monaten ist auch seine dreijährige Bewährungsstrafe abgelaufen. »Zum ersten Mal habe ich Ruhe vor dem Gefühl, verfolgt zu werden.« Meistens jedenfalls, schiebt er nach, denn ein angespanntes Misstrauen sitze ihm tief in den Knochen.

Wernicke erinnert sich bestens an den Tag der Verhaftung. Er war vorbereitet, wusste genau, was sagen, sollte die Polizei mal an der Tür stehen: »Ich wiederholte nur den einen Satz: Bitte schießt nicht auf meinen Hund! Bitte schießt nicht auf meinen Hund! Hatte ich so alles im Kopf durchgespielt.« Er habe vorgehabt, nur noch eine Marihuanaernte hochzuziehen, dann wäre genug Geld da gewesen für einen Bauernhof: »Ich war kurz vor Beendigung der Situation.« Danach musste er von vorne beginnen.

Sein Leben war damals »ein rasender Tanz auf der Rasierklinge«. Seine Tat halte er zwar »für moralisch vertretbar«; in seinen Augen habe er keine kriminelle Handlung begangen, »denn es handelt sich um eine schöne Pflanze, die uns ja immerhin geschenkt wurde«. Seine Produkte seien zu hundert Prozent chemiefrei gewesen, kein Haarspray oder sonstiges Gift, um das Gewicht zu vergrößern. Und sie seien »mit Liebe großgezogen worden«. Wernickes Stimme ist jetzt mit Stolz erfüllt. Aber mit der Verhaftung sei seinem Leben als Dealer ein Ende gesetzt worden: »Und dafür bin ich dankbar.«

Wernicke war davor zweimal im Krankenhaus wegen einer Überreizung der Bauchspeicheldrüse; wenn er weitermache wie bisher, habe er noch drei Wochen, dann sei er ein toter Mann, lautete jeweils die Prognose. Seine Tage begannen mit einem Glas Wodka, gefolgt von zwei bis drei Bongs, also Marihuanapfeifen, denen weitere zehn bis fünfzehn Bongs folgten, verteilt über den ganzen Tag. Am Abend traf er seine Kollegen. »Wir führten ein Leben mit Mercedes, Nutten und Drogen in rauen Mengen. Ein einziger Rausch.« Freunde habe er da keine gehabt, nur Geschäftspartner. Und eine Frau könne man auch nicht in ein solches Leben hineinziehen: »Denn Frauen brauchen Pflege. Dafür fehlte mir die Zeit.« Im Krankenhaus befreite er sich jeweils gewaltsam von den Schläuchen, an denen seine Gesundheit hing, und rannte heim zu den Pflanzen, die ihn brauchten. Als alles aufgeflogen war, musste er seine Plantagenräume und seine 163 Quadratmeter große Wohnung, in der er alleine gewohnt hatte, verlassen. Für diesen Lebensstil fehlten ihm nun die Mittel.

Aktuell hat René Wernicke drei Ziele: »1. Bauernhof kaufen. 2. Das mit Hera mit Respekt über die Runde bringen. Das hat sie verdient. 3. Englisch lernen.« Denn er wolle die Texte von Nick Cave and the Bad Seeds verstehen. Er habe es satt, immer diesen Kumpel aus Ex-Jugoslawien bitten zu müssen, ihm alles zu übersetzen. Zum Schluss zitiert René Wernicke den Satz, der ihn bei der Gerichtsverhandlung im April 2007 mit einer dreijährigen Bewährungsstrafe davonkommen ließ: »Dem Jungen ist eine gute Sozialprognose zu bescheinigen.« René Wernicke krault Hera am Nacken und grinst.

»Wenn man dem Internet danken könnte, ich würde es tun«

ANJA LENJA MUELLER, 31, IN DER AUSBILDUNG
ZUR HEILPRAKTIKERIN

Anja Lenja Mueller sagt, sie sei froh, dass das Gespräch heute stattfinde und nicht früher, weil sich ihr Leben innerhalb eines Jahres doch sehr verändert habe. Sie glaubt jetzt, den Beruf und den Mann ihrer Träume gefunden zu haben. Sie wirkt zerbrechlich wie eine Glasblume und zäh wie eine Liane, und sie strahlt.

Wir sitzen am Küchentisch in ihrer Wohnung, wo sie kaum mehr lebt, weil sie immer bei ihrem Freund ist. Dass sie ihr Glück so dankbar genießen kann, begründet sie damit, dass sie die Furcht kennt, dem Leben nicht gewachsen zu sein. Die Angst, mit der man am Morgen aufwacht und die man auf nichts Konkretes zurückführen kann. Wenn ein Telefongespräch einem überirdische Kräfte abverlangt, wenn man Rechnungen und Verabredungen verschleppt und Trost nur im Schlaf findet. Sie habe die Tage verschlafen und Nächte in Todesangst verbracht. Mit Unwohlsein, Atemnot und Panikattacken, dazu Beklemmungen im Brustkorb, Muskelschmerzen. Sie sei von einem Arzt zum anderen gerannt.

Anja Lenja Mueller ging daraufhin für zwei Monate in eine psychosomatische Klinik, wo man eine generalisierte Angststörung und eine posttraumatische Belastungsstörung diagnostizierte. Sie ließ sich mit Medikamenten helfen und gönnte sich einen leichten Sommer. Zurück in ihrer Wohnung saß sie eines Tages am Küchentisch, ihr Alltag war unverändert, und dennoch spürte sie: »Es geht mir wieder besser.« Bis heute ist sie nicht vollends befreit von ihren Ängsten: »Aber ich kann besser damit umgehen und weiß, dass ich sie eines Tages ganz überwinden werde.«

Natürlich hat sie nach den Wurzeln ihres Leidens gesucht. Da war das Studium in Judaistik und Germanistik, das sie zwar mit Bestnote abschloss, das sie aber im Grunde überfordert habe: »Die geistige Arbeit kostete mich unglaubliche Kraft.« Sie doziert gerne und hatte den Plan zu promovieren: »Aber allein der Gedanke daran machte mich unglücklich.« Dazu arbeitete sie kurzfristig in einer Agentur, die Blogbeiträge auf Bestellung verfasst, sie tat es freudlos. Auch weil das Klima ein vergiftetes war: »Jeder war dem anderen spinnefeind. Jeder sah im anderen eine Bedrohung.«

Außerdem hatte ihr damaliger Freund zwar vieles, das sie schätzte: Er war eloquent, klug, kultiviert, sportbegeistert, einigermaßen erfolgreich als Schriftsteller, er hatte viele Freunde. Aber er habe es in sieben Jahren nie geschafft, sich wirklich zu ihr zu bekennen. Von Liebe wollte er nicht sprechen, das war ihm zu pathetisch, Kinder waren sowieso kein Thema.

Er habe vieles mit Aktionismus kompensiert. Hierhin reisen und dahin, diese Ausstellung und jenes Konzert. »Immer in der Anspannung, ja nichts verpassen, der nächste Krieg steht schon bevor«, das sei das Lebensgefühl gewesen. Als Mueller ihm ihre Magisterarbeit zum Lesen gab, war sein erster Kommentar: »Da haben wir noch einiges zu tun.« Die Furcht, ihm nicht zu genügen, ihn zu verlieren, war für sie immer präsent. Als sie krank wurde, ängstigte ihn das. Er reagierte mit Vorwürfen: »Wie kann man sich nur so gehen lassen.« Mueller sagt, dass sie am Anfang gerade in seiner Gefühlskälte eine Herausforderung sah, sie habe geträumt, was das für ein Erfolg wäre, wenn sie ausgerechnet diesen Mann aufbrechen könnte.

Auf der Suche nach Gründen für ihre gebrochene Verfassung ging sie auch in ihre Kindheit zurück. Sie dachte an die lieblose Ehe ihrer Eltern und an ihren Vater, dessen Hobby, Waffensammeln, für den Rest der Familie eine dauernde Bedrohung darstellte. »Obwohl er kein böser Mensch war. Er hatte sich nur nicht im Griff. Und er spürte intuitiv, dass er meiner Mutter nicht gewachsen war. Meine Kindheit fand in einer Atmosphäre der Angst statt.« Dass ihre Mutter in ihr, ihrer ältesten Tochter, eine Gesprächspartnerin für ihre Eheprobleme suchte, bedrückte sie zusätzlich. »Aber es ist wohl für alle schwierig, den Eltern keine Vorwürfe zu machen.« Als ihr Vater bei einem Autounfall ums Leben kam, habe sie Erleichterung verspürt, sagt Mueller.

Studium, Beziehungsprobleme, keine leichte Kindheit – auch wenn sich ihr Leiden schon vor Jahren angekündigt hat, bevor es ausbrach, kann Anja Lenja Mueller keinen direkten Zusammenhang sehen zwischen ihrem Leben und ihrer Störung. »Meine Krankheit bleibt mir im Grunde ein Rätsel.« Sie findet es viel einfacher, sich ihre aktuelle, helle Gemütslage zu erklären als die Zeit der akuten Lebens- und Todesangst vor zwei Jahren.

»Ich bin jetzt mit einem Menschen zusammen, der ein großes Herz hat.« Sie lacht so beweglich wie Wasser. Mit einem, der sie liebt, wie sie ist. Der keine Angst hat, wenn sie ihn liebt. Der es nicht komisch findet, wenn sie sich in seine Arme flüchtet. Der eine Landschaft genießen kann, ohne den Genuss in seine Bestandteile zerlegen zu müssen. Den sie riechen mag. Den sie gerne anschaut. Dessen Nähe sie besänftigt.

Er sei für sie wie vom Himmel gefallen, sagt sie. Ein Geschenk, wofür sie nichts getan und das sie keineswegs erwartet habe. Im Gegenteil. Sie dachte, in ihrem Alter sei es ein Gebot der Vernunft, den Wunsch nach Liebe zu begraben. »Und wenig später lagen wir uns in den Armen und haben uns seither nicht mehr losgelassen.«

Das war vor fünf Monaten, und Anja Lenja Mueller staunt noch immer. Sie sei einfach gerne mit diesem Mann zusammen. Sie habe sich nicht auf ihn einstellen müssen, und er sich nicht auf sie. Es gehe wie von selbst. Es sei nicht der Maximalrausch, sondern eher das Gefühl, dass sich etwas eingelöst habe. Dass sie aufeinander gewartet hätten. Dabei sei er ihr erster Freund, der kein Intellektueller sei, sondern ein Informatiker. Er sei der erste Ossi in ihrem Liebesleben und der erste, der Kinder möchte.

Trotzdem sieht Mueller die Liebe nicht als ein Medikament gegen alles. »Im Grunde kann man keinem Menschen trauen«, sagt sie. Für Jan sei sie jetzt die Frau des Lebens. Aber wer wisse schon, wie er sich entwickle? Vielleicht gehe er zur Tür hinaus und kehre nie mehr zurück. Oder vielleicht werde sie eines Tages vom eigenen Glück gelangweilt. Sie sieht ihr Studium nicht einfach als Umweg: »Ich komme aus einer bildungsfernen Familie. Da war eine Lücke, die gefüllt sein wollte.« Und sie weiß auch, was sie an ihrem Ex-Freund fasziniert hat: »Vielleicht vermisse ich das irgendwann?«

Anja Lenja Mueller ist sich bewusst, wie quecksilbrig, wie unbeständig Glück ist. Möglich sei ja auch, dass sie eines Tages wieder von Panik befallen werde: »Aber die Angst ist kein guter Ratgeber. Die Angst vor der Angst sowieso nicht.« So freut sie sich unbeschwert über den gestrigen Abend: Ihr Freund kam von einem Meeting aus der Schweiz zurück, »und es war so toll, wie er sich freute, mich wiederzusehen. Dass ein Mensch sich so freuen kann, mich zu sehen.«

Außerdem schätzt sie, dass er sie in ihrem neuen Beruf unterstützt. Auch wenn sie das kaum braucht. Denn noch nie war sie so sicher, das Richtige zu tun. Sie lässt sich seit neun Monaten zur Heilpraktikerin ausbilden. Sie war in Friesland auf einem Segelboot, als ihr im Gespräch mit einer Bekannten die Idee dazu kam. Sie hat nicht um diese Entscheidung gerungen, sie hat sich leiten lassen vom Gefühl: »Eins fügte sich zum anderen. Es war wieder wie ein Geschenk.« Ein Glück auch, dass sie die Frau vom Jobcenter in Berlin überzeugen konnte, die Ausbildungskosten zu übernehmen.

Anja Lenja Mueller glaubt, als Heilpraktikerin all ihre Fähigkeiten, Interessen, Bedürfnisse und nicht zuletzt ihre

Mängel aufheben und fruchtbar machen zu können. Zum Beispiel sei sie immer schon vom Körper fasziniert gewesen, auch weil sie hypochondrische Züge habe. Zu lernen, wie der Körper reagiert, das allein könne die Angst vor Krankheiten verwischen. Der Welt etwas entgegenzusetzen, wenn sie einen überfordere, sei es mithilfe von Atemtechnik oder Akupunktur, das lerne sie jetzt. Mueller sagt, für sie sei der Unterschied zwischen Wissen und Können sehr wichtig geworden. Wirklich etwas tun zu können, zum Beispiel eine Nadel in einen bestimmten Muskel zu injizieren, sei ein Glück, das sie bisher nicht gekannt habe.

Sie glaube an die Kraft der Hände, sagt sie. Jemandem die Hand auf den Arm zu legen, jemanden zu massieren, das könne Wunder wirken und habe nichts mit Esoterik zu tun, sondern mit positiver Energie. Welche Technik eine Heilpraktikerin auch immer anwende, es gehe um Ruhe und Hingabe. Sie freue sich auf einen Beruf, in dem sie sich anderen Menschen widmen könne. Wo ihr Gegenüber nicht ihr Konkurrent sei.

Obwohl die Ausbildung anstrengend ist, freut sie sich jeden Abend auf den nächsten Tag. Sie fühlt sich wie ein Schwamm, sie saugt alles Lernbare ohne Mühe auf. Dabei nehme die Schulmedizin großen Raum ein, weil Heilpraktiker ja unter Beweis stellen müssten, keine Gefahr für die Volksgesundheit zu sein. Aber für Mueller ist diese Schule ein angstfreier Raum. »Krankheit ist Narration. Ich werde also immer Geschichten hören. Und auch Teil der Geschichte sein. Das passt perfekt für mich.«

Denn anders als früher, als sie ihre Stimmungen bei der Arbeit unter Verschluss halten musste, gehe es hier in der

Ausbildung gerade darum, seine Wunden offenzulegen: »Das hat viel mit Selbstdarstellung zu tun.« Was ihr, die einmal Schauspielerin werden wollte, sehr liegt. Teil des Berufes sei zuzuhören, sich einzufühlen, sich hinzugeben, »andererseits sind meine zukünftigen Patienten auch ein Stück weit ein Publikum, und mein Status ist dem eines Gurus nicht unähnlich«, sagt sie.

Dass Anja Lenja Mueller mit Begriffen wie Zartheit, Zurückhaltung und Zerbrechlichkeit allein nicht zu fassen ist, wird deutlich, wenn sie sagt: »Ein Leben in Bedeutungslosigkeit kann ich mir nicht vorstellen.« Sie ist stolz darauf, unter dem Namen *Anousch* in der Twittergemeinde eine kleine Berühmtheit zu sein. »Über tausend Menschen lesen täglich meine Zeilen. Das ist für mich ein Quell der Freude.« Gedanken, Sprachspielereien, Selbstentblößungen, schöne Sätze. »Am Anfang war mein Ziel, jeden Tag einen schönen Satz zu schreiben.« Sie sieht in diesen 140-Zeichen-Texten eine eigene Kunstform, die von den Medien noch gar nicht richtig erkannt worden sei. Inzwischen gibt es den *Jour Fitz*, ein wichtiger Treffpunkt im realen Leben von Deutschlands Twitterern mit Lesung und Party, an einem solchen *Jour Fitz* hat Mueller ihren neuen Freund kennengelernt. »Wenn man dem Internet danken könnte, ich würde es tun«, sagt sie. Seit sie als Twitterer aktiv ist, lache sie mehr, ihr soziales Leben sei reicher.

Neben der Liebe, der Ausbildung und ihrem Leben als *Anousch* hat Anja Lenja Mueller einen vierten Traum, von dem sie hofft, dass er wahr werde. Sie arbeitet an einem Roman. »Ich bin bis zur Verzweiflung selbstkritisch. Aber von dem, was ich bisher zu Papier gebracht habe, bin ich so sehr überzeugt, dass ich es als Vertrauensbruch mir selbst gegenüber empfände, wenn ich dieses Buch nicht beenden würde.« Sie werde es tun. Aber sie lasse sich Zeit.

»Ich habe gelernt zu vertrauen. Mir und dem Leben«, sagt Mueller. Mit ihrer Krankheit und ihrer Ausbildung sei ihre Überzeugung gewachsen, dass der Körper bestrebt ist, sich selbst ins Lot zu bringen. Man müsse nicht einmal viel tun. Die meisten Menschen würden von allein das Nötige unternehmen, um sich aufrechtzuerhalten. »Dabei ist es viel leichter und schöner, wenn man sich in Ruhe verändern kann und ohne Druck«, sagt Anja Lenja Mueller. Und sie hoffe, auch in Zukunft den Unwägbarkeiten des Lebens mit dieser Haltung zu begegnen: mit Entspanntheit.

»Jeder kann vorgegebene Grenzen überwinden«

VERENA BENTELE, 28, STUDENTIN UND
PARALYMPICS-SIEGERIN

»Wir leben nun mal in einer Leistungsgesellschaft«, sagt
sie. Und: »Natürlich will ich gewinnen.« Und: »Schwierigkeiten sehe ich als Herausforderung.« Und: »Nach dem
Unfall sagte ich nie: Mitmachen ist alles. Ich sagte von Anfang an: Wenn ich mitmache, dann für eine Medaille.«
Und: »Ehrgeiz? Kann man schon stehen lassen. Sagen wir
es so: Ich liebe es, an mir zu arbeiten.«

Wer so spricht, muss blasse Lippen und eine unerbittli-
che Stimme haben, nicht? Aber Verena Bentele hat Regen
in den Haaren, und die Wangen sind noch rosig vom Jog-
gen. Sie bietet Apfelsaft an, »vom Biobauernhof meiner Eltern«. Der Überschwang ihres Wesens wird jetzt gebremst
von der Vorsicht, die ihr der fehlende Sehsinn aufzwingt.
Sorgfältig ertastet sie die Gläser, schätzt ab, wie viel genug

sein könnte, ist ganz bei der Sache, damit kein Tröpfchen überquillt.

»Oh, ja, ich bin im Moment schon sehr glücklich«, sagt Bentele dann, »weil es im Sport einfach so gut geklappt hat.« Sie ist Langläuferin und blind. Die fünf Medaillen von den Paralympischen Winterspielen in Kanada strahlen immer noch auf ihren Alltag.

Dabei sah sie noch ein Jahr zuvor keine helle Zukunft für sich. Sie hatte einen schweren Unfall. Ihr Begleitläufer, der jeweils wenige Meter vorausgeht und Kommandos gibt, habe »links« gemeint und »rechts« gerufen. Rechts aber war ein Abhang.

»Eine Verkettung unglücklicher Umstände«, sagt Bentele heute, damals haderte sie sehr. Sie trug einen Kreuzbandriss davon, Kapselrisse an zwei Fingern, innere Verletzungen, eine Niere versagt seither ihren Dienst. »Man wusste nicht, ob ich je wieder richtig fit werde.«

Drei Monate lag sie im Bett wie ein kapitulierendes Tier, verschlief die Tage und die Nächte. Sie fühlte sich im Innersten angeschossen. Sie glaubte nicht mehr an nächste Schritte: »Da war ich richtig fertig mit der Welt.« Wenn jemand sie ermahnte, sich zu schonen, heulte sie los, weil sie ja eh nichts anderes mehr tat, als sich zu schonen, weil sie gar nichts anderes mehr tun konnte, als sich zu schonen, endlos lag sie da und schonte sich.

Was half ihr dann? »Tatsachen. Dass mein Körper sich tatsächlich erholte. Dass der Arzt kam und sagte: Du kannst wieder Sport machen.« Und zweitens: »Motivation von außen. Dass mein Trainer an mich glaubte und vorwärtsschaute, auf die Spiele 2010. Das gab mir ein Ziel. Da ging es mir von Tag zu Tag besser.«

Sie rannte wieder los, schnallte ihre Langlaufskier an, trainierte jeden Tag zwei Stunden, vor den Wettkämpfen zweimal zwei Stunden. Wenn Verena Bentele beschreibt, was sie am Sport so liebt, strahlt sie. Sie strahlt, wenn sie von den »schmerzenden Muskeln« erzählt, vom »Berg, der lang und länger wird«. Wenn der Körper nicht mehr will, er will wirklich nicht mehr, er will einfach nicht mehr, sie will auch nicht, geht trotzdem weiter, dann überwindet sie Grenzen, körperliche und mentale.

Es sei nicht so, dass ihr Körper plötzlich ein Eigenleben annehme und quasi automatisch laufe. Vielmehr sei sie es, die die Peitsche schwingt und alles überwacht. So wächst sie über sich hinaus, wenn sie ihren schreienden Körper quält. »Er ist dann nur noch ein Medium, das meine Befehle empfängt, eine gut geölte Maschine.« Und das mache einfach wahnsinnig Spaß, so ganz auf den Körper konzentriert zu sein, alles andere trete in den Hintergrund. Laufen, höher, schneller, Tempo halten, nur noch ans Ziel denken, aufrecht laufen am Berg, komm aus den Knien raus, komm raus, das Ziel rückt näher, ganz nah, fast …

Jetzt.

Und dann wieder runterfahren. »Das ist das perfekte Glücksgefühl«, sagt Bentele.

Dass sie aus Kanada so schwer geschmückt nach Hause kam – drei Kilo Medaillen trug sie um den Hals –, war ein großer Sieg über sich selbst. Wobei ihre Siege für sie mehr als nur Selbstzweck sind. »Ich will zeigen, dass man sogar mit einer schweren Behinderung Höchstleistungen erbringen kann.« Sie ist immer mit einer Botschaft unterwegs: »Meine Blindheit hat den Sinn, den Leuten die Augen zu öffnen: Jeder ist in der Lage, vorgegebene Grenzen zu überwinden.«

Die Botschaft richtet sich auch an sie selbst. Denn Verena Bentele stößt ständig an Grenzen. Ihr ganzes Leben ist ein großes Trotzdem. In München, wo sie Germanistik studiert, kommt sie zwar überallhin. Kein Bahnhof, keine Tramhaltestelle ist für sie ein Hindernis, auch wenn sie ihre Nase immer mal wieder an irgendeiner Wand aufschlägt, weil sie es sich leistet, die Vorsicht fahren zu lassen. Sie wohnt alleine, sie reitet, fährt Rad, fährt Ski, geht auf Rockkonzerte, sie erweitert ihren Radius ständig – und ist doch immer wieder auf Hilfe angewiesen.

Für jedes Training braucht sie jemanden, der sie begleitet. Organisatorisch müssten behinderte Sportler sogar mehr leisten als andere, aber ihre Siege seien viel weniger Schlagzeilen und viel weniger Preisgeld wert als die der olympischen Sportler. Gerecht findet Verena Bentele das nicht. Das sagt sie auch schon mal laut und öffentlich. Aber vor allem will sie mit ihrer Leistung zeigen, dass es falsch ist.

Bentele kennt ihre Stärken: »Ich kann gut entscheiden, gut organisieren und bin sehr stressresistent.« Sie bietet ihre »Erfahrungen als erfolgreiche Profi-Sportlerin« auf ihrer Homepage an, Unternehmen können sie für Seminare buchen und von ihren »Tipps und Tricks zur Selbstmotivation und Motivation anderer« profitieren.

Im Moment muss sie viel reisen, Vorträge halten. Sie ist Botschafterin des Internationalen Paralympischen Komitees, sie engagiert sich im Deutschen Behindertensportverband. Am Donnerstag war sie in Kassel, am Freitag in Genf, am Samstag zu Hause in München, am Sonntag in

Stuttgart, am Montag in Bonn und so weiter: »Das macht mir überhaupt nichts aus.«

Wenn sie leidet, dann darunter, dass sie den Alltag immer wieder nicht alleine bewältigen kann. Und gar in Verzweiflung versinkt sie zuweilen ob der Hilflosigkeit ihrer Mitmenschen angesichts ihres Handicaps. Eben war sie am Stuttgarter Flughafen. Sie ging zum Check-in-Schalter und bat um Orientierungshilfe. Sofort holte man einen Rollstuhl für sie. »Die sollten doch sehen, dass ich keinen Rollstuhl brauche.« Es sind Verletzungen dieser Art, welche die weltbeste blinde Langläuferin innerlich um sich schlagen lassen. »Wie ist es möglich, dass man sehend so blind sein kann?« Sie sieht ihren Mut und ihre Kraft missachtet und gering geschätzt.

Sie versucht sich daran zu gewöhnen, dass sie oft in undifferenziertem Mitleid »einfach als behindert« abgestuft wird. Sie steckt es weg, wenn ein Mensch im Supermarkt unwirsch reagiert auf die Frage, ob sie da ein Joghurt mit Kirschen oder Vanille erwischt habe. Aber wenn sie im Bioladen, wo sie regelmäßig einkauft – »die haben schon so viel Geld an mir verdient« –, an die Kasse geht und um Hilfe bittet und nur Unfreundlichkeit zurückkommt, »kann mich das schon sehr nerven«.

Sie ruft nach solchen Demütigungen gerne ihren Bruder an. Er ist ebenfalls blind und kann seine Schwester verstehen. Dampf ablassen, das helfe dann. »Wir heulen uns aber nicht stundenlang die Ohren voll, sondern ich fluche kurz und heftig über mein Elend und die verständnislose Welt, und dann ist es auch wieder gut.«

Hartnäckiger als die gedankenlosen Kränkungen durch andere sind die eigenen Sehnsüchte. Verena Bentele kennt

Tage, an denen sie sich einfach nur wünscht, einmal ein Bergpanorama sehen zu können, »weil das doch so abstrakt ist, sich das vorzustellen«. Sie möchte wissen, wie die Farbe Grün aussieht, wie Gelb, wie Rot, weil sie sich Farben nur über Assoziationen mit Gegenständen denken kann, »grün wie Blätter, gelb wie Mond und Sterne, rot wie rote Rosen«.

Wenn sie Kleider kaufen will, muss sie das mit Freundinnen tun. Im Moment trägt sie gern Lilafarbenes, weil die Farbe Mode ist und weil ihre Freundinnen alle finden, Lila stehe ihr. Manchmal sagt eine Freundin dies und eine andere das: »Und dann weiß ich überhaupt nicht mehr, was ich denken soll.«

Wenn Verena Bentele am Morgen vor dem Kleiderschrank steht, hat sie ihr Farberkennungsgerät zur Hand. Ihre Garderobe ist bunt. »Nicht einfach nur schwarz und weiß, das wäre ja zu einfach.« Sie hat sich gemerkt, welche Farbe zu welcher Farbe passt, welche Hose zu welchem Pullover. Schlechte Kombinationen erlaubt sie sich nicht, schließlich will sie nicht schlecht angezogen aus dem Haus gehen: »Dann hieße es wieder, die ist halt blind, die kann es ja nicht anders.« Sie wolle beweisen, dass Blinde genauso attraktiv sein können wie Sehende. »Ich weiß, dass wir nun mal in einer Welt leben, wo das Visuelle eine große Rolle spielt.« Dem will sie Rechnung tragen.

Es käme ihr nie in den Sinn, die geltenden Normen infrage zu stellen. Sie passt sich an, sie hält mit, sie will zur herrschenden Gesellschaft gehören und ernst genommen werden. So sein zu sollen wie die anderen empfindet sie nicht als Zwang, sondern als eine Manifestation ihres Willens: »Ihr habt ja keine Ahnung. Ich schaffe das. Ich bin genau so gut wie ihr.«

Ein großer Wille, das ist ihr Motor, ihre Stärke. So klar, wie sie sich dazu bekennt, so genau benennt die 28-Jährige auch die damit verbundene Schwäche: »Es fällt mir unglaublich schwer, meine Abhängigkeit anzunehmen.« In wichtigen Dingen schaffe sie es inzwischen, um Hilfe zu bitten. Im Alltag aber mache sie ganz viel alleine, einfach weil sie nicht schon wieder auf jemanden angewiesen sein wolle. Im Grunde seien ja alle Menschen voneinander abhängig, das wisse sie, »aber ich bekomme es einfach jeden Tag x-fach zu spüren«.

Richtig bewusst sei ihr ihre Andersartigkeit in der Pubertät geworden: »Das war echt hart.« Die anderen Mädchen fingen an, sich zu schminken, mit Jungen auszugehen. »Und ich war ausgeschlossen.«

Und sie war es noch lange. »Ein ganz schwieriges Thema«, sagt sie. Beziehungen zwischen Blinden und Nichtblinden seien sehr selten. Schon das erste Kennenlernen sei voller Hürden. Sie könne ja zum Beispiel nicht einfach auf einen Mann zugehen. Sie sehe nicht, wer ihr sympathisch sein könnte, sie sei darauf angewiesen, dass einer auf sie zukomme. »Und wer lässt sich schon auf eine Blinde ein?«, fragt sie. »Ein Leben als Chauffeur und Betreuer? Nein danke!« So denke die überwiegende Mehrheit.

Dass sich Verena Bentele gerade frisch und glücklich verliebt hat, empfindet sie als großes Glück. Ihr Mann ist nicht blind. Und es sei kein Zufall, sagt sie, dass sie sich seit Langem vom Sport her kennen. Ihre Beziehung habe sich aus einer Freundschaft heraus entwickelt und ihr Freund wisse darum, wie sehr sie nach Selbstständigkeit strebe, und müsse nicht befürchten, von ihren Bedürfnissen aufgefressen zu werden.

Und dennoch macht sie sich Gedanken. »Wie viel kann ich ihm zumuten? Im Hotel zum Beispiel muss er mir sagen, was wo auf dem Frühstücksbuffet zu finden ist. Einen Sonnenuntergang kann ich optisch nicht mit ihm teilen. Wie sehr fehlt ihm, dass ich nicht mit den Augen reden kann? Wie kann ich die Leere meiner Blicke füllen?«

Keine Frage, ihr Leben sei absolut lebenswert, sagt Verena Bentele. Aber sie will auch nicht schönfärben: »Einfach ist es nicht.« Sie glaubt zwar, dass eine Gesellschaft Menschen braucht, die anders sind: »Ob blind oder sonst wie anders, ist allerdings egal.« Sie wälzt jetzt, wo sie auf die dreißig zugeht, solche Fragen.

Denn einerseits spürt sie, dass neuerdings ein Kinderwunsch in ihr wachsen könnte, und andererseits sind da die Gene, die sie und einen ihrer zwei Brüder blind gemacht haben.

Derzeit analysiert sie nüchtern. Ob ihre Kinder blind auf die Welt kommen würden, sei eine Frage der Wahrscheinlichkeit. Wie hoch die Wahrscheinlichkeit ist, wolle sie von den Ärzten abklären lassen. Dann könne sie darangehen, die schwierigen Fragen für sich zu beantworten:

Könnte ich meinem blinden Kind ins Gesicht sagen, dass ich wusste, dass es blind sein könnte?

Wie kommt eine blinde Mutter mit einem blinden Kind zurecht?

Bei welchem Grad von Wahrscheinlichkeit verzichte ich auf meinen Wunsch nach einem Kind?

Und wie im Alltag, so steht sie auch bei den großen Fragen wieder vor Grenzen, die Sehende nicht kennen. Grenzen, die sie zu Hürden macht. Hürden, die sie überspringen kann, wenn sie will.

In einer halben Stunde trifft sie eine Freundin zum Kaffee. Sie geht zum Fenster, öffnet es, fühlt den Wind und hört, dass es immer noch in Strömen regnet. Verena Bentele wird eine Regenjacke anziehen.

»Man muss seine Wünsche ordnen«

JULIA FISCHER, 27, GEIGERIN

Wir sitzen in einem Restaurant in Brüssel, es ist Mittag. Am Morgen war Julia Fischer beim Rundfunk, heute Abend wird sie im bis auf den letzten Platz ausverkauften Saal des Königlichen Konservatoriums Johann Sebastian Bachs Solopartiten spielen. Sie trägt eine Hose und einen Pullover, die keinerlei Aufmerksamkeit beanspruchen, das Gesicht ist ungeschminkt. Sie hat die Speisekarte so sorgfältig wie effizient durchgesehen und ohne Zögern gewählt: Jetzt schwimmt ein Fisch in grüner Sauce auf ihrem Teller.

»Ja«, sagt sie und zögert nur ein bisschen länger, »ich bin glücklich.«

Julia Fischer hat, was die wenigsten haben: ein außergewöhnliches Talent, das früh erkannt wurde. Mit drei Jahren hat sie mit dem Geigenspiel angefangen und parallel dazu mit dem Klavier. Mit 13 trat sie zum ersten Mal öffentlich auf, mit 19 gab sie ihr Debüt in der New Yorker Carnegie Hall, mit 23 war sie die jüngste Professorin Deutschlands, dekoriert mit allen erdenklichen Preisen und Auszeichnungen. Wenn Julia Fischer Kritiken zu Gesicht bekommt, sind sie lobend bis hymnisch, wenn sie eine der Bühnen, die sie rund um die Welt bereist, verlässt, dann unter Jubelrufen und wasserfallartigem Applaus. Jeder Tag bestätigt ihr, dass sie eine würdige Dienerin dessen ist, was ihr Leben seit frühester Kindheit bestimmt: der Musik. Einen Sonnenaufgang etwa kann sie nicht sehen, ohne innerlich dazu *Also sprach Zarathustra* zu hören, die sinfonische Dichtung von Richard Strauss: »Das ist einfach so. Ich kann nie wirklich einsam sein, Musik ist immer bei mir«, sagt Julia Fischer und betrachtet das als Glück, das sie teilen will.

Eine Begabung, wie Fischer sie hat, ist sicher eine große Erleichterung. Die Fragen, welche die meisten Menschen eines Tages quälen, nämlich was man mit seinem Leben eigentlich anfangen soll oder ob man es nicht besser bleiben ließe – auf all diese Fragen hat sie eine klare Antwort: »Ich glaube, es gibt kein größeres Geschenk als Musik.« Sie erklärt das so: »Durch Musik können Menschen Emotionen erleben, die sie bis dahin nicht kannten. Ich glaube, die Welt wäre ein besserer Ort, wenn die Kunst einen größeren Stellenwert hätte. Wenn ich da vermitteln kann, macht mich das froh.« Und sie wiederholt: »Kann man Menschen ein größeres Geschenk machen als Musik?«

Doch eine Garantie für ein glückliches Leben ist ein großes Talent nicht. »Talent ist eine Knute – und sie ist ausschließlich zur Selbstgeißelung bestimmt«, schrieb etwa Truman Capote. Viele Wunderkinder verkümmern unter dem Druck der Erwartungen. Sie führen ein Leben, das sie als fremdbestimmt erfahren. Die japanische Geigerin Midori beschreibt in ihrer Autobiografie Magersucht, Schlaftabletten, Depressionen und Selbsthass.

Julia Fischer hatte Glück. Ihre Mutter schmetterte die Geige nicht an die Wand, wenn sie mit den Leistungen ihrer Tochter nicht zufrieden war, wie diejenige Midoris. »Sie übte keinen Zwang aus«, sagt Fischer. Die Mutter, selbst Pianistin, förderte ihr Kind offenbar mühelos. Julia Fischer erzählt, dass sie schon als sehr kleines Mädchen die Puppe aus dem Puppenbett verbannt, ihre Geige reingelegt und überall verkündet habe, sie werde Geigerin. Ihre Mutter habe daraufhin gesagt, dann musst du üben. »Und«, sagt Fischer, »das habe ich begriffen«.

Sie war drei oder vier Jahre alt, da spielte sie schon jeden Tag eine halbe bis Dreiviertelstunde Geige und Klavier. Und ja, so ab der sechsten Klasse sei es schon so gewesen, dass sie ihre gesamte freie Zeit mit Musik beschäftigt gewesen sei, so fünf bis sechs Stunden täglich habe sie geübt. Natürlich sei es da manchmal eng geworden, neben Konzerten, Training, Wettbewerben noch fürs Abitur zu arbeiten. Aber Musik sei ja nun wirklich kein Zwang für sie, noch heute mache es für sie keinen Sinn zu sagen: »Ich bügle mein Kleid, oder ich gehe wandern, um mich von der Musik zu erholen.« So ein Satz sei in ihrem Falle einfach absurd.

Trotzdem: Sah Julia Fischer nie sehnsuchtsvoll aus dem Fenster auf spielende, quietschende, lachende Kinder? Ließ sie sich nie gehen? Fischer schüttelt den Kopf. Sie findet es

»generell nicht gut, sich treiben zu lassen. Ich war immer sehr diszipliniert. Einfach weil ich die Konsequenzen aus meinem Wunsch, Musikerin zu werden, gezogen habe.« Sie verstand ihr Talent als eine so große Verpflichtung, dass ihr die üblichen Launen und Proteste Heranwachsender als reine Zeitverschwendung erschienen. Bis heute hat sie gegen keine angespannte Neugier zu kämpfen, wenn sie Dingen begegnet, von denen sie noch nie gehört hat. Dass sie etwa, als sie zu Tokio Hotel, der Teenie-Popgruppe, befragt wurde, antwortete, also in Tokio nehme sie immer das gleiche Hotel, diese Anekdote erzählt sie fröhlich jedem, der sie erzählt bekommen will. Sie schämt sich kein bisschen für ihre Ignoranz. Dabei hilft ihr der Satz, dass »man sich besser konzentriert und sich nicht verzettelt«. Ihr geht es schließlich um Kunst, »etwas Aktives«, das andere hingegen ist Unterhaltung, »das hat mit Konsum zu tun, man lässt sich passiv berieseln«. Für sie, sagt Fischer, sei dieser Unterschied »unendlich wichtig«, wobei sie sich für das Unterhaltungsfach als »nicht zuständig« betrachtet.

»Ich habe von Natur aus ein glückliches Wesen«, sagt Fischer. Ihr Rezept dafür ist: ein klarer Kopf und ein radikaler Wille.

Denn Glücklichwerden nach Julia Fischer setzt eine gewisse Härte gegen sich selbst voraus. Für ein gutes Leben muss man auch Dinge tun, die man nicht gern tut. Und sich gewisse Wünsche verkneifen, wenn sie andere, wichtigere Wünsche behindern: »Mit acht Jahren hätte ich liebend gern Schlittschuh laufen gelernt. Meine Mutter gab zu bedenken, dass ich dann weniger Zeit fürs Geigenspiel hätte. Ich überlegte hin und her, ließ das Schlittschuhlaufen schließlich bleiben.«

Und wie damals legt sie sich auch heute die Dinge zurecht, setzt ihre Prioritäten und weiß, was sie von sich verlangen kann und will und was nicht. Dass Julia Fischer keine Angst vor Versagen kennt, glaubt, wer je gesehen hat, wie sie eine Bühne betritt. Sie geht durch den Begrüßungsapplaus wie durch eine hohe Blumenwiese. Das kann sie deshalb, weil sie den Anspruch, auf der Bühne perfekt zu spielen, für absurd hält. Sie verlangt von sich, dem Werk gerecht zu werden. Und sie verlangt von sich, dass sie sich gut vorbereitet hat. Hat sie sich gut vorbereitet und scheitert sie trotzdem: »Nun, dann ist das menschliches Versagen. Dafür kann ich nichts.« An Gewissensbisse verschwendet sie ihr Temperament nicht.

Zum Glück gehört für Fischer also der Mut, Entscheidungen zu treffen. Ebenso wichtig sei aber der Mut, Fehler zu machen: »Wo kommen wir da hin, wenn jeder Fehler gleich als Lebenstragödie gesehen wird?«, fragt sie und schiebt eine Gabel fein geschnittener Gemüsestreifen in den Mund. So etwa hätte sie mit großer Wahrscheinlichkeit viel mehr CDs verkauft, wenn sie sich schon vor sieben Jahren für ein großes Label entschieden hätte, ihr Management hatte ihr damals dazu geraten. Sie aber unterschrieb zu dieser Zeit beim kleineren Unternehmen Pentatone und wechselte erst kürzlich zu Decca. Doch sie stellt ihre damalige Wahl bis heute nicht infrage, »denn ich habe ja selbst entschieden«.

Ich frage nach ihren Kriterien. Sie sagt: »Ich hatte damals einfach noch nicht das nötige Selbstbewusstsein für eine so große Plattenfirma, ich war zu naiv, instinktiv spürte ich das. Jetzt aber bin ich karrieremäßig an einem anderen Punkt. Jetzt sage ich, was ich spiele.«

So klar kennt sie ihren Wert, und nie käme es ihr in den Sinn, sich dafür zu entschuldigen. Ungehorsam, Rebellion, Provokation, all diese Demonstrationen des Sich-selbstseins, hatte sie offenbar auch deshalb nicht nötig, weil sie, seit sie sich erinnern kann, auf Selbstverantwortung setzt. Weil sie in diesem Sinne immer schon erwachsen war. Schaut sie auf ihre Jugend zurück, erinnert sie sich nicht an Trotz, sondern ans Gegenteil. »Ich habe mich schon auch entwickelt«, sagt sie, »ich war doch sehr perfektionistisch.« Heute sei sie großzügiger, auch gegenüber eigenen Schwächen. Das falle ihr auf, wenn sie in ihren Tagebüchern blättert. Sie erzählt von ihrer ersten großen Krise: »Ich war zwölf, als ich einsehen musste, dass ich nicht eine exzellente Schülerin sein und gleichzeitig so viel Zeit mit der Geige verbringen konnte. Das war eine Katastrophe für mich. Ganz schlimm.« Dabei war es weniger, wie sie sagt, Streberinnenehrgeiz, der sie in diese Verzweiflung stürzte, sondern Demut vor der Kunst: »Ich empfand es einfach als Respektlosigkeit gegenüber Goethe, eine schlechte Arbeit über *Faust* abzuliefern.«

Ihr damals bester Freund gab ihr diesen Satz auf den Weg: »Du musst lernen, das Wichtige vom Unwichtigen zu unterscheiden.« Das half ihr und hilft ihr bis heute.

Und was ist das Wichtigste? Ganz klar, sagt sie, Familie und Freunde seien das Wichtigste. »Denn was ist schon Erfolg, wenn man ihn nicht teilen kann?« Wobei es natürlich hilft, dass ihre Familie sich ihrem Musikerinnenleben anpasst. Ihr älterer Bruder verschiebt Termine, damit er sie vom Flughafen abholen kann. Ihre Mutter begleitet sie oft auf ihren Konzerttourneen. Sie selbst fliegt aber auch mal nach London, um einen Freund zu sehen. Vor allem aber telefoniert sie, sie hört zu, sie freut sich mit, wenn eine Freundin sich freut: sie weiß, dass eine Freundschaft ohne Erlebnisse, die man teilt, nicht lebt.

Und sie hält dem geordneten Haushalt ihrer Wünsche die Treue. Als ich Julia Fischer das erste Mal traf, meinte sie zum Thema Kinder: »Aber natürlich will ich Kinder. Wozu sonst ist man denn auf der Welt?« Da war sie 24 Jahre alt. Zwei Jahre später ist sie verheiratet und Mutter eines Sohnes. Frauen auf der Karriereleiter warten heute in der Regel mindestens ein Jahrzehnt länger mit dem ersten Kind. Julia Fischer aber sagt auch mal eine Amerikatournee ab, weil sie ihrem Baby nicht zumuten will, drei Wochen ohne sie zu sein. Sie findet das selbstverständlich. Und ist verblüfft, dass sie sich gegenüber den Veranstaltern erklären muss. »Denn Menschen sind doch immer wichtiger als Dinge«, sagt sie.

Beim Kaffee lacht Julia Fischer kurz ein bisschen über sich selbst, als sie erzählt, was sie nämlich auch sehr glücklich macht: »Wenn ich im Hotel ein Upgrade erhalte. Wenn ich plötzlich eine Suite für mich habe, ohne dafür bezahlen zu müssen. Das find ich wunderbar. Da kann ich mich den ganzen Tag darüber freuen.«

Kennt Julia Fischer keine Wolken in ihrem Leben? Doch, die Brüchigkeit des Glücks erfuhr sie etwa, als ihre Eltern sich scheiden ließen. Und als sie einmal das Gefühl hatte, der Zugang zu ihr selbst sei verschüttet: »Es gab eine Zeit, in der ich nicht glücklich war. Das hatte mit äußeren Umständen zu tun, aber auch mit mir, von innen heraus.« Dass sie sich dann als Erstes verbot, »anderen die Schuld zu geben«, hängt mit ihrem großen Imperativ zusammen: Selbstverantwortung, sogar in einem Moment der Schwäche. »Gleichzeitig muss man das Leid annehmen und damit leben. Und dann auch wieder aus ihm herausfinden.«

In dunkleren Phasen des Lebens kann Julia Fischer ebenso auf die Kraft der Musik vertrauen: Sie verweht düstere Stimmungen, indem sie ihnen einen Ausdruck gibt. Große Kunst sei zwar nicht immer, aber doch oft da entstanden, sagt sie, wo ein echtes Leiden auf ein erträumtes Ideal traf, man denke an Beethovens Neunte.

Wie der Bernstein das Insekt, so konserviert Kunst die Gefühle, konserviert alles: Triumph, Trauer, Zweifel, Krieg, Größe und Glück. All dies hat Julia Fischer in ihrem Repertoire – und in einer Reinheit und Schönheit, dass sie sich abseits der Bühne bescheiden kann: »Ich glaube, man sollte gar nicht nach Glück streben. Man sollte auch einfach mal zufrieden sein. Ich glaube, im Leben geht es mehr um Zufriedenheit als um Glück. Und um Dankbarkeit.«

»Was tun?«

SOPHIE BRUDERER, 15, SCHÜLERIN

»Ich habe für mein Alter schon viel erlebt.« Sophie Bruderer spricht mit weicher Stimme. »Was ist das überhaupt,
Glück?«, sagt sie. Und dann eine Weile nichts.

Sophie hat lange Beine, die durch bleistiftdünne Absätze
endlos werden. Ihre Jeans scheinen wie auf die Haut gegos-
sen. Als sei sie nackt einem blauen Bad entstiegen, so bewegt sie sich jetzt Richtung Tisch. Sie setzt die Teetasse an
die vollen, glänzenden Lippen. Ihr dunkler Blick aus den
schattierten Lidern und sorgfältig getuschten Wimpern
kontrastiert mit der Marmorglätte ihres Teints. Wie eine
stolze und etwas störrische Katze schaut sie um sich. Es ist
kurz nach Weihnachten, unter dem Baum liegen noch die
erfüllten Wünsche, die Louis-Vuitton-Tasche, die goldenen High Heels, ein Gedichtband.

198

In der Erinnerung tun die meisten Menschen die eigene Pubertät als kleinen Abschnitt von großer Ahnungslosigkeit ab. Sophies Geschichte zeigt, dass es auch ein schwieriger Abschnitt sein kann. Schon auf Kinder wird Druck ausgeübt. Aber in der Pubertät nimmt man ihn erstmals bewusst wahr, sodass man sich zu ihm in ein Verhältnis setzen muss, ob man will oder nicht.

Da sind die Freundinnen, die sich in ganz verschiedene Richtungen entwickeln und wollen, dass man ihnen folgt. Und da sind die Jungs, die wollen, dass man will. Da ist vielleicht die Kirche, die Schule. Und schließlich sind da die Eltern. Die sind meist der Meinung, dass jetzt die Weichen für das spätere Glück gestellt werden müssen: Sie drängen zur Berufswahl und erwarten eine kluge Entscheidung.

Ich kenne Sophie Bruderer seit sechs Jahren. Schon als Kind hat sie Kraft und Willen ausgestrahlt, zugleich war immer klar, dass das Leben für sie vor allem melancholischer Stoff ist. Ein Lächeln entfuhr ihr nie einfach so. Die Begabung zur Anpassung geht ihr ab, dachte ich und sah das als Stärke. Bis sich diese Stärke gegen Sophie selbst zu richten begann.

Äußerlich hat sie sich auffällig verändert. Zuerst war sie ein hübsches Mädchen mit kastanienbraunen Haaren. Dann wurde ihre Figur üppig. Dann war sie plötzlich fadendünn. Und jetzt sitze ich einer fantastisch aussehenden jungen Frau gegenüber, die nicht wie 15, sondern um einiges älter wirkt.

»Jetzt zum Beispiel hätt ich Lust, eine zu rauchen«, sagt sie. »Kommst du auch?« Wir gehen auf den Balkon. Es ist kalt. Die Bäume im Park sind noch kahl.

»Es war wie ein kleines Ungeheuer in meinem Kopf«, sagt sie. Das sie glauben machte, Glück sei an Kleidergröße 34 gebunden und Freiheit gebe es nur ohne ein Gramm Fett auf den Rippen. Ja, sie habe eine harte Zeit hinter sich, sagt Sophie und bläst den Rauch in die Winterluft.

Angefangen hat es damit, dass sie sich alleine fühlte. Sie versuchte, sich mit Süßigkeiten in die Herzen ihrer Klassenkameradinnen einzukaufen. Und weil der Erfolg gering war, aß sie die Süßigkeiten selbst. Sie aß und aß, »weil das doch die einzige Freude war, die ich hatte«. Sie stopfte alles in sich hinein, bis sie gehänselt wurde, und dann stopfte sie sich weiter voll, jetzt erst recht.

Lange konnte sie das Gefühl, von den anderen ausgeschlossen zu sein, problemlos in das Gefühl übersetzen, von den anderen nicht verstanden zu werden, darin richtete sie sich ganz gut ein. Sie war nicht frei von Arroganz. Sie ging zur Schule oder eben auch nicht, was solls. Ihre Eltern waren in Sorge, suchten eine andere Schule für sie.

Und dann kam der Tag, an dem sie ihr eigenes Spiegelbild nicht mehr aushielt: »Es zehrte an meinen Nerven, es nervte einfach unglaublich«, sagt Sophie. Sie aß noch mehr. Und versank in Selbstvorwürfen. Sie begegnete anderen und schaute sich mit deren Augen an und glaubte, in ihren Gesichtern Verachtung zu erkennen, und verachtete sich selbst. Und aß noch mehr, »zum Trost und als Strafe«, wie sie sagt.

Sophie war damals jemand, den sie heute nicht mehr kennen möchte. Ihr Übergewicht war fast nicht zu ertragen, aber es war auch eine Strategie, die körperlichen Veränderungen, welche die Pubertät mit sich brachte, unsichtbar zu machen; die Magersucht, die darauf folgte, war anders, sie war hartnäckiger und letztlich lebensbedrohlich.

Sophie wurde krank, »eine ganz normale Grippe«, und verlor drei Kilo. Das war der Startschuss zu ihrer Karriere als Hungerkünstlerin, die sie mehrere Male ins Spital brachte und 23 Kilogramm verlieren ließ. Am Ende bestand sie nur noch aus Haut und Knochen und hatte einen so schwachen Kreislauf, dass ihr regelmäßig schwarz vor Augen wurde. Ihr bodenloser Hunger nach nichts machte sie blind gegenüber den Zeichen leiblichen Notstands. Essen zu verweigern erschien ihr als Sieg. Sie hatte sich unabhängig gemacht von den Bedürfnissen und Freuden des Körpers. Mit einem Gefühl der Überlegenheit blickte sie auf die anderen herab, die sich von Nahrung fesseln ließen. Sie lief durch die Stadt und sah diese aufgerissenen Mäuler, im Begriff eine Cremeschnitte oder einen Hamburger zu verschlingen. Überall begegnete sie durchschnittlichen, grauen Menschen, die ihre raumgreifenden Leiber, das in alle Richtungen wuchernde Zellgewebe, durchs Jahr schleppten. Da fühlte sie sich umso leichter und frei.

Es ging »lange, viel zu lange«, bis Sophie die vermeintliche Freiheit als Krankheit erkannte. Sie brauchte psychologische Hilfe, um sich selbst davon überzeugen zu können, dass sie nach dem Verlust von über einem Drittel ihres Körpergewichts in sechs Monaten größere Ähnlichkeiten mit einer Ruine als mit einem Denkmal hatte.

Sophie drückt die Zigarette aus, und wir gehen wieder in die Wärme. Sie schneidet sich ein Stück Panettone ab. Sie hat jetzt eine Art Waffenruhe geschlossen mit sich. Der Schaden ist begrenzt, aber die Hoffnung, dass alles schnell wieder normal wird, ebenso. Normal, das wäre, wenn sie

»ohne Schuldgefühle essen könnte« und frei von Angst, wieder unersättlich zu werden. Normal wäre, »wenn mein Kopf sich nicht dauernd mit Essen beschäftigen würde«. Und gut wäre, »wenn ich mir selbst glauben könnte, was ich längst weiß, nämlich dass mein Glück nicht von einem perfekten Körper abhängt«.

Hinter diesen Worten steckt eine ungeheure Einsicht, nämlich dass das Ich nicht Herr im eigenen Hause ist, wie Freud sagt. Sophie hat dies schon mit 15 Jahren am eigenen Leib erfahren müssen. Manche Menschen müssen sich die Vielfalt ihres Wesens nie eingestehen, sie gleiten scheinbar mühelos durch die Jahre zwischen Kindheit und Erwachsensein. Doch die meisten mühen sich in diesen Jahren mehr oder weniger stark mit der Frage ab, wer sie sind. Und es ist kaum ein Zufall, dass dieser Kampf oft auf dem Schlachtfeld des eigenen Körpers ausgetragen wird.

Der Körper macht in der Pubertät eine große Wandlung durch und verspricht deshalb die klarste Antwort auf die bohrende Frage. Er wird zum Orakel und zur scheinbaren Wunderwaffe bei der Identitätsfindung. Körperliche Attraktivität kann beurteilt werden, bevor man weiß, ob man ambivalent ist, pessimistisch oder eher offenherzig, ob man an Neuanfänge, gebrochene Vorsätze oder ans Heiraten glaubt.

Sophie hat ihre Strategie inzwischen erneut gewechselt. Sie setzt heute auf eine erotische Show und bejaht damit die weiblichen Formen, die ihr Körper angenommen hat. Er wird jetzt nicht mehr durch Nahrungsverweigerung beherrscht, sondern mit Erfolg als Lock- und Machtmittel eingesetzt. Sophie genießt diesen Erfolg – und hat gelernt, ihm zu misstrauen. »Nur ein bisschen« erlaubt sie sich, geschmeichelt zu sein, wenn Männer sich auf der Straße wie unter Zwang nach ihr umdrehen. Und wenn ihr in einer Bar mit offerierten Drinks Beifall gezollt wird, dann empfindet sie solche Kontakte als »sehr beliebig«. Sie erwartet von sich jetzt, »wählerisch zu sein«. Es ist Stolz, den sie auf diese Weise aus sich herauskitzelt. Es ist die Selbstachtung, die sie sich so zurückerobert.

In den letzten Jahren wurden also sehr wohl wichtige Weichen gestellt für Sophies weiteres Lebensglück. Die Frage aber, wer im Stellwerk die Hebel bediente, scheint sinnlos. Auf Sophies Fahrt durch die letzten Jahre stand sehr viel Grundlegenderes auf dem Spiel als etwa die Frage der Berufswahl – auch wenn sie und ihre Eltern inzwischen froh sind, dass sie die Schule wieder regelmäßig und mit Eifer besucht und ein Studium ins Auge fasst.

Vielleicht haben es Menschen wie sie, die nicht über ein herausragendes Talent verfügen, sondern über viele gleichmäßig verteilte Begabungen, in der Pubertät auch besonders schwer. Sophies Zukunftspläne sind immer noch vage. Wirtschaft studieren und einen Club eröffnen. Aber auch, dass sie »etwas Großes schaffen, die Welt verbessern« wolle. »Das hat mit Egoismus zu tun«, sagt sie. Weil sie nämlich davon überzeugt ist, dass es sie glücklich machen würde, anderen zu helfen. Im Moment aber sei sie »in einer Warteschlaufe«. Sie tröstet sich damit, dass ihr Leben sich »ja noch in den Startlöchern befindet«.

Und ganz offensichtlich ist das zukünftige Glück ziemlich fahl, wenn man es mit den momentanen Glücksgefühlen vergleicht, die einen in diesem Alter durchströmen können. »Wobei«, sagt Sophie jetzt überraschend und anfallartig, »ich habe eigentlich unheimlich viel Glück, ich bin ja ein eigentlicher Glückspilz«. Und sie zählt auf: »Ich habe ein schönes Gesicht, einen guten Geschmack. Ich bin gescheit. Ich habe ein Dach über dem Kopf. Keine Behinderung. Ich habe eine Schwester, die ich liebe, die süßeste, beste Schwester der Welt. Mit meiner Mutter kann ich über alles reden. Mein Vater gibt mir, was er kann, das Beste, das muss genügen. Meine Eltern leben freundschaftlich getrennt, das ist perfekt für mich.« Sie hätten es ja noch ein paar Mal versucht miteinander, fügt Sophie an, aber sie, Sophie, habe gleich gesagt: Vergesst es. Nie möchte sie Eltern, die allein der Kinder wegen zusammenbleiben. Und Sophie schließt, leise triumphierend: »Nein, ich kann mich wirklich nicht beklagen.«

Und dieselben Augen, die vor zehn Minuten etwas müde dreingeblickt haben, leuchten. Denn jetzt denkt Sophie an die Liebe. Er ist Brasilianer, drei Jahre älter, verdient sein Geld im Sommer an einer Bar in Spanien. Sie zählt die Tage, bis sie ihn wiedersehen wird, erst waren es 147 und jetzt nur noch 45, und sie halte es fast nicht aus »vor Kummer und Schmerz«. Voller Sehnsucht und »glücklich im Unglück« sei sie und lebe nur noch »von Moment zu Moment« und »ganz von den Erinnerungen«.

Das heißt, sie ist glücklich? Oder doch eher unglücklich?

»Glück ist immer flüchtig«, sagt sie, und es klingt wie ein Vorwurf, »kaum ist es da, ist es wieder weg. So gesehen, bin ich gar nie glücklich. Denn ich weiß, dass nichts von Dauer ist, am wenigsten das Glück: Ich genieße die Ferien, schon fängt die Schule wieder an. Ich bin stolz auf eine gute Note, doch gleich kommt die nächste Prüfung. Ich liebe ein neues T-Shirt über alles, bald wird es irgendwo in der Schublade landen und vergessen sein. Ich freue mich auf Spanien, aber wer weiß, vielleicht wird es die große Enttäuschung, und wenn nicht, dann verzehre ich mich hinterher wieder vor Sehnsucht.«

Und trotzdem wird sie den Kampf ums Glück nicht aufgeben: »Um Glück geht es im Leben«, sagt Sophie, »glücklich sein, dem würde ich alles unterordnen. Wozu sonst ist man auf der Welt, wenn nicht fürs Glück?«

Begriffliches zum Glück

Die deutsche Sprache ist beim Glück nicht sehr ausgeklügelt. Sie bringt mehr durcheinander als andere Sprachen. Für das *Glück des Zufalls* hat man im Französischen *la chance* oder *la fortune*, der Engländer spricht von *luck* oder *fortune*. Es ist das Glück der Glückspilze und Glücksritter. Es fällt einem zu, ohne dass man dafür kämpfen kann oder muss. Ein Sechser im Lotto, ein Talent fürs Bogenschießen, die Gabe, zur richtigen Zeit am richtigen Ort zu sein. Um die günstige Gelegenheit erkennen zu können, braucht es aber eine gewisse Offenheit und die Missachtung des folgenden Satzes von Blaise Pascal aus dem 17. Jahrhundert: »Alles Unglück der Welt rührt daher, dass die Menschen nicht in ihren Wohnungen bleiben.«

Dann gibt es das Glück, für das im Französischen *le bon-*

heur und im Englischen *happiness* steht. Der deutsche Philosoph Wilhelm Schmid nennt es *Wohlfühlglück.* Und versteht darunter alles, was ein gutes Gefühl gibt und Genuss verschafft. Was in diesem Sinne positiv ist: Tanzen, Erfolg, Sex, Freundschaften, ein gutes Glas Wein, ein schöner Film. Dieses Glück ist nicht dauerhaft und kann herbeigeführt werden. Es ist steigerbar durch Drogen. Es verblasst durch Gewöhnung. Es ist kultivier- und verfeinerbar.

Das *Wohlfühlglück* ist, was der Engländer Jeremy Bentham zur Zeit der Französischen Revolution als Glück definierte: die Maximierung von Lust und Minimierung oder sogar Eliminierung von Schmerz.

Um dieses Glück dreht sich heute fast alles, es ist zweifellos sehr populär. Aber es hat auch die Tendenz, die Tiefen des Lebens wie eine Störung zu begreifen. Und seine unendliche Steigerbarkeit macht es einerseits praktisch – man kann sich immer nach einer noch besseren Flasche Wein sehnen –, andererseits gefährlich. Das *Wohlfühlglück* setze einen Maßstab, sagt Schmid, »der Menschen systematisch ins Unglück treibt«.

Man braucht das *Glück des Zufalls* und das *Wohlfühlglück* nicht zu verachten. Und dennoch: Wer sich fragt, ob er eigentlich glücklich ist oder nicht, stellt kaum eine Liste seiner Lottogewinne und Genussmomente auf. Eher sucht er nach dem, was Schmid das *Glück der Fülle* nennt. Der Philosoph beschreibt es als ein dauerhaftes Glück, das mit einer bestimmten Haltung zum Leben überhaupt einhergeht: der Einsicht, dass Höhen und Tiefen einander bedingen. Auch wenn wir sie nicht suchen: schwere Erfahrungen, Verlust, Schmerz und Misslingen gehören zu einem interessanten, reichen Leben. Denn ohne Dunkel gibt es kein Hell. Das *Glück der Fülle* erlebt demnach, wer alle Wechselhaftigkeiten und Widersprüche des Lebens und der Welt zulässt und sein Leben, wenn immer möglich, heiter und gelassen erträgt.

Diese Idee ist uralt. Sie wurde schon vor über 2000 Jahren von den Stoikern entwickelt und taucht seither in der Literatur immer wieder auf. Auch Goethe begriff das Leben als bipolar, als »das Ein- und Ausatmen der Welt, in der wir leben, weben und sind«. Doch so hartnäckig sich die Idee vom *Glück der Fülle* hält, so hartnäckig wird sie auch kritisiert. Nur eins ist sicher: Als universales Ziel ist das Glück so unanfechtbar wie unfassbar. Noch einmal Blaise Pascal: »Alle Menschen suchen glücklich zu sein, selbst diejenigen, die hingehen und sich erhängen.«

Zahlen zum Glück

Die Glücksökonomie hat in den letzten Jahren viel Aufmerksamkeit erhalten und sich rasant entwickelt. Wenn Ökonomen heute das Glück vermessen, dann denken sie nicht mehr nur an Kaufkraft und Bruttosozialprodukt wie früher, sondern sie arbeiten mit Psychologen, Soziologen, Politikwissenschaftlern und Neurologen zusammen.

Sie definieren Glück nicht, sondern bringen Glück und Zahlen zusammen, indem sie Menschen befragen. Sie suchen sich Gruppen, die sie interessieren, zum Beispiel sehr Reiche, weniger Reiche und Arme; sie stellen allen dieselbe Frage: »Wie glücklich sind Sie insgesamt mit dem Leben, das Sie führen, auf einer Skala von 1 (völlig unzufrieden) bis 10 (völlig zufrieden)?« Weil man nicht immer darauf vertrauen kann, dass die Menschen die Wahrheit sagen oder die Skala gleich auslegen, ersetzen oder ergänzen manche Glücksökonomen die weiche Methode der Befragung durch harte Fakten und messen die Hirnströme der Befragten.

Die meisten Glücksökonomen hüten sich davor, Ratschläge zu geben. Denn erstens arbeiten sie statistisch. Was für die Menschen im Allgemeinen gilt, trifft längst nicht für jeden Einzelnen zu. Jeder schert da und dort aus der Statistik aus. Zweitens finden Glücksökonomen Korrelationen zwischen dem subjektiven Glück von Menschen und der Art und Weise, wie sie leben. Korrelationen aber sind vertrackt.

Man kann zum Beispiel feststellen, dass im letzten Jahrhundert die Zahl der Störche enorm zurückging. Gleichzeitig sank die Zahl der Neugeborenen. Darf man aus dieser Korrelation schließen, dass der Storch eben doch die Babys bringt? Ein anderes Beispiel: Kinder, die viel Zeit mit Computerspielen verbringen, schneiden in der Schule schlechter ab. Darf man diesem Zusammenhang entnehmen, dass Computerspiele dumm machen? Nein, aber man kann nach einer gemeinsamen Ursache suchen. Vielleicht werden diese Kinder von ihren Eltern öfter alleine gelassen und weniger gefördert und sind darum sowohl öfter vor dem Computer als auch schlechter in der Schule. Korrelationen sind interessant, aber sie zeigen nicht unbedingt Gründe auf. Und damit zu einigen Erkenntnissen der Glücksökonomen, wobei ich mich hauptsächlich auf Bruno S. Frey und Claudia Frey Marti, *Glück. Die Sicht der Ökonomie* stütze.

Geld

Intensiv haben Glücksökonomen den Einfluss des Geldes untersucht. Macht Geld glücklich? Ja, aber nur die Armen – so lassen sich ihre Ergebnisse grob zusammenfassen.

Denn die Menschen in der westlichen Welt sind nicht glücklicher als vor 50 Jahren, obwohl sie sich heute doppelt so viel leisten können wie damals. Die Ökonomen erklären das mit dem Gesetz des abnehmenden Grenznutzens. Je höher der Wohlstand, desto geringer sein Glückseffekt. Wer aus großer Armut kommt und sich einen gewissen Wohlstand erarbeiten kann, dem geht es spürbar besser. Wer statt 40 000 Euro im Jahr plötzlich 50 000 Euro verdient, macht einen Glückssprung. Wer sich von vier auf fünf Millionen verbessert, nicht.

Glücksforscher erklären das mit der »hedonistischen Tretmühle«. Dem Umstand also, dass Menschen sich sehr schnell an eine materielle Verbesserung gewöhnen. Sie wollen dann zwar immer noch mehr, ein zweites Haus, ein noch größeres Auto und so weiter. Doch dieses nach oben offene Spiel bringt kein Glück.

Mehr Geld ist also ab einem gewissen Wohlstand aus glückstechnischer Sicht nicht erstrebenswert. Doch die Ökonomen haben auch eine Ausnahme für diesen Grundsatz gefunden. Und die hat damit zu tun, dass Menschen Relativisten sind. Sie sind offenbar weniger daran interessiert, etwas zu haben, als daran, mehr zu haben als ihr Nachbar, Bekannter oder Kollege. Eine Lohnerhöhung kann glücklich machen, wenn der Kollege keine kriegt.

Es ist erstaunlich, wie regelmäßig wir das Falsche tun, wenn wir es aufs Glück abgesehen haben. Lotto spielen zum Beispiel. Auch die Gewinner einer Million in einer inzwischen berühmt gewordenen Studie aus dem Jahre 1978 glaubten, das große Los im Glücksspiel des Lebens gezogen zu haben. Aber ihre Freude hielt nicht an. Nach einer Weile waren sie sogar fast unglücklicher. Viele Dinge des täglichen Lebens, zum Beispiel eine neue Hose zu kaufen, machten ihnen einfach keinen Spaß mehr.

Viele Menschen nehmen für ein höheres Einkommen lange Arbeitswege in Kauf. Aber Studien zeigen, dass die Lebenszufriedenheit abnimmt, je länger der Arbeitsweg ist. »Wir überschätzen tendenziell die Lebenszufriedenheit, die aus dem materiellen Besitz kommt«, so fassen die Ökonomen Bruno S. Frey und Claudia Frey Marti unser Verhalten zusammen. Warum aber rennen wir dann so sehr dem Geld nach? Weil es den Bedürfnissen einer wachstumsorientierten Ökonomie dient, so »wahnhafte Vorstellungen über Glück und Wohlstand zu verbreiten«?

Kinder

Das jedenfalls meint der Harvard-Psychologieprofessor Daniel Gilbert. Er sieht einen gesellschaftlichen Mechanismus der Übertragung und Aufrechterhaltung von Vorstellungen im Gange, und so ein Mechanismus beherrsche auch die Kinderfrage. Der Glaube, dass Kinder eine Quelle von Glück seien, herrsche ganz einfach deshalb vor, »weil die gegenteilige Überzeugung die Gesellschaft auflösen würde«.

Tatsächlich aber belasten Kinder eine Partnerschaft. Studien zeigen, dass die eheliche Zufriedenheit nach der Geburt des ersten Kindes stark abnimmt. Dann steigt die Glückskurve wieder etwas, bevor sie einen absoluten Tiefpunkt erreicht, wenn die Kinder in die Pubertät kommen. Erst wenn sie von zu Hause ausziehen, erholt sich das Liebesleben der Eltern. Als Kitt für eine angeschlagene Partnerschaft eignen sich Kinder also schlecht.

Kinder bringen aber auch Leben, Liebe, Fröhlichkeit und nicht zuletzt Ablenkung und Aufgaben ins Haus. Eltern sind meist Menschen, die sehr beschäftigt sind, aber kaum mit dem eigenen Bauchnabel. Was offenbar Vorteile hat. In der Gesamtbilanz sind Eltern nicht unglücklicher als Kinderlose.

Ehe

Kinder und Geld sind also unzuverlässige Glücksbringer. Die Ehe dagegen hält ihr Versprechen, sagen die Glücksökonomen. Verheiratete sind in ihren Studien durchwegs zufriedener als Unverheiratete. Sie leben länger und gesünder, sie fühlen sich sicherer und weniger einsam.

Doch die Unterschiede zwischen Verheirateten und Ledigen haben in den letzten Jahren abgenommen. Und die erste Ehe ist offenbar glücklicher als die zweite oder dritte. Besonders gut funktionieren Ehen, wenn der Bildungsunterschied zwischen den Partnern klein ist, damit fällt der geistige Austausch leichter. Der Lohnunterschied hingegen darf ruhig groß sein. Die Ökonomen erkennen da ein »Potenzial für eine produktive Spezialisierung«. Ein Partner verdient das Geld, der andere kümmert sich um Haushalt und Kinder. So gestrickte Ehen sollen glücklicher sein als diejenigen von Doppelverdienern.

Auch die Scheidung haben Glücksökonomen erforscht. Während einer Scheidung sinkt die Lebenszufriedenheit zunächst sehr stark. Aber zwei Jahre später sind Geschiedene signifikant glücklicher als zwei Jahre vor der Trennung.

212

Arbeit

Neben der Ehe ist auch die Arbeit ein zentraler Glücksbringer, vor allem die der Selbstständigen. Sie sind glücklicher als Angestellte. Auch wenn sie im Durchschnitt weniger verdienen und länger arbeiten.

Studien zeigen, dass auch Freiwilligenarbeit die Zufriedenheit markant steigert. Dennoch geht die geleistete Freiwilligenarbeit in westlichen Gesellschaften zurück. Die Menschen würden den Nutzen von Tätigkeiten unterschätzen, die sie aus innerer Motivation verrichten, und den Nutzen zum Beispiel von zusätzlichem Einkommen durch Überstunden überbewerten, sagen Bruno S. Frey und Claudia Frey Marti.

Arbeitslosigkeit

Der Verlust von Arbeit ist messbar einer der härtesten Schläge fürs Glück. Er macht viel unglücklicher als zum Beispiel eine Scheidung. Der Einkommensverlust ist dabei nicht das Hauptproblem, viel schwerer wiegen die psychischen und sozialen Folgen. Das Selbstwertgefühl sinkt. Arbeitslose sind weniger gesund als Arbeitende. In Gesellschaften mit strengen sozialen Regeln leiden sie mehr als in Gesellschaften, die es grundsätzlich in Ordnung finden, dass man sich vom Staat helfen lässt.

Alter

Einen Trost hält die Glücksökonomie bereit für alle, die sich vor dem Altwerden fürchten: Die Glückskurve ist hoch in jungen Jahren. Sie sinkt dann und erreicht einen Tiefpunkt um die Lebensmitte. Aber im Alter nimmt das Glück wieder zu.

Das Glück der Ratgeber

In keiner Ecke einer Buchhandlung herrscht so ein Durcheinander wie in der Abteilung für Ratgeber und Lebenshilfe. Auf diesem bunten Markt kämpfen Pfarrer, Meditierende, Esoteriker, Buddhisten, Psychotherapeuten, Ethiker und Lebenskünstler mit Tipps und Tricks um Aufmerksamkeit. Doch seit ein paar Jahren gewinnt eine Denkschule allmählich die Übermacht, es ist die der positiven Psychologie.

Als akademische Disziplin noch keine zwanzig Jahre alt, hat sie schon einen Gründungsmythos. Der Vater der positiven Psychologie, Martin Seligman, erzählt ihn in seinem Bestseller *Der Glücks-Faktor* gleich selbst. Er war im Garten und jätete Unkraut, seine Tochter warf das Unkraut fröhlich durch die Luft. Der Psychologe, bis dahin ein ungeduldiger Dauerpessimist, soll sie angeschrien haben. Worauf sie zu ihm sagte:»Daddy, an meinem fünften Geburtstag habe ich beschlossen, nicht mehr zu weinen. Das war das Schwerste, was ich jemals getan habe. Und wenn ich mit dem Weinen aufhören kann, dann kannst auch du aufhören, immer so ein Meckerfritze zu sein.«

Diese Worte seien für ihn »eine Erleuchtung« gewesen. In jenem Moment habe er, Martin Seligman, beschlossen, sich zu ändern. Und so, dank seiner Tochter, die Aufgabe seines Lebens gefunden: eine Psychologie zu schaffen, welche »die positiven Gefühle wie Befriedigung, Glück, Hoffnung« untersucht.

Tatsächlich hat sich die akademische Psychologie stets mit Defiziten und Krankheiten herumgeschlagen. Neurosen, Depressionen, Psychosen, Phobien – die Liste der wissenschaftlich erforschten menschlichen Schwächen und Defekte war endlos. Psychologische Studien zu Eigenschaften wie Optimismus, Mut oder Aufrichtigkeit dagegen gab es kaum.

Inzwischen gibt es sie. Seligmans Erleuchtung hat einen akademischen Sturm ausgelöst. Und daraufhin von den USA aus alle möglichen Lebensbereiche in der westlichen Welt erobert und durchdrungen. Nachdem die positive Psychologie an den amerikanischen Universitäten eines der beliebtesten Studienfächer geworden war, erfasste sie die Medizin: Ärzte begannen, positives Denken wie ein klassisches Heilmittel zu verschreiben. Und in der Wirtschaft wurde es in, sich in Managementkursen erklären zu lassen, wie man sich glücklich und erfolgreich denkt. An einem Heidelberger Gymnasium gibt es »Glück« im Sinne der positiven Psychologie als Schulfach, und die Bücher ihres Begründers Martin Seligman stehen seit Jahren auf den Bestsellerlisten.

Die positive Psychologie hat den Begriff des »Charakters« in der Wissenschaft wieder salonfähig gemacht. Sie verspricht, dass wir uns mit den richtigen Gedanken einen guten Charakter antrainieren und unsere Glücksfähigkeit nachhaltig steigern können.

Es geht den positiven Psychologen also nicht nur um momentane Glücksgefühle, sondern um weit ernstere ernste Dinge: um Gesundheit, Karriere, Partnerschaft, unsere Persönlichkeit. Alles wird besser, größer, erfolgreicher, wenn wir mit Sonne im Herzen und einem Strahlen im Gesicht durch die Welt gehen. Kein Wunder, dass diese Branche boomt – bei dem, was sie verspricht! Das macht sie so einflussreich und verführerisch: Alles, was es für ein langes, gutes Leben braucht, ist etwas Disziplin bezüglich der eigenen Gedanken.

Und die wird dem Leser von *Der Glücks-Faktor* ganz sanft beigebracht. Denn die positive Psychologie setzt nicht bei den Schwächen an, sondern bei den Stärken. Das Buch schüttet ein Füllhorn von Du-kannst-wenn-du-nur-willst-Ermunterungen aus. Es ist reich an Beispielen und Anekdoten aus Seligmans privatem und beruflichem Leben und an Studien, Statistiken und Zitaten der großen Philosophen. Und all dies, um das eine Wundermittel zu propagieren: die Kraft des positiven Denkens.

Nach Seligman kann man sein »Glücksniveau« nachhaltig anheben, wenn man an den eigenen Gedanken feilt:

1. Wer in der Vergangenheit wühlt, soll sich an die befreiende Nachricht halten, »dass längst vergangene Ereignisse aus der frühen Kindheit wenig oder gar keinen Einfluss auf das Erwachsenenleben ausüben«.

2. Man soll der Vergangenheit mit Dankbarkeit begegnen, weil der »Dank gute Erinnerungen an die Vergangenheit anwachsen lässt« und das wiederum die Lebenszufriedenheit erhöhe.

3. Man soll seine Vergangenheit unter dem Aspekt des Vergebens oder Vergessens neu schreiben, denn das »verwandelt Bitterkeit in Neutralität oder sogar in positiv getönte Erinnerung«, was wiederum die guten Gefühle verstärke.

4. In der Gegenwart können Lustgefühle »dadurch verstärkt werden, dass der abstumpfende Effekt der Gewöhnung bekämpft wird – durch bewusstes Genießen und durch Achtsamkeit«.

5. Man solle Handlungen suchen, die man um ihrer selbst willen tut und nicht in der Erwartung einer äußerlichen Belohnung. Beschäftigungen, in denen man sich vergisst, mit Engagement dabei ist, in den *Flow* kommt. Ob das nun Bergsteigen sei, Tanzen oder Gärtnern. Denn in diesem Zustand des *Flows* trainiere man ganz nebenbei wertvolle menschliche Stärken wie zum Beispiel Lerneifer, Durchhaltekraft, Leadership, Originalität oder Spiritualität. Man formt seinen guten Charakter.

6. Was die Zukunft betrifft, müsse man lernen, »seine automatisch auftretenden pessimistischen Gedanken infrage zu stellen, zu disputieren«.

Wenn man diese Tipps als Ratschläge des gesunden Menschenverstandes nimmt, der kaum je wirklich danebenliegt, aber auch kaum je wirklich hilft, dann sind sie sicher nicht falsch. Jeder weiß, dass Lächeln dazu beiträgt, die eigene Stimmung zu heben, dass man schneller und energischer ist, wenn man an sich glaubt. Wir haben auch schon *Flow* erfahren, den konzentriert-abwesenden Zustand, in dem wir in eine Handlung so vertieft waren, dass daneben nichts eine Rolle spielte. Wir wissen, dass Kopf und Körper zusammenhängen, dass gute Gedanken einen aufrechter gehen lassen und dass man durch Sport eine dunkle Stimmung vertreiben kann.

Schwierig wird es erst, wenn die Kraft des positiven Denkens durch Studien, Statistiken und Autoren mit Doktortitel untermauert wird. Dabei gibt sich Seligman scheinbar bescheiden. Er will uns nicht vorschreiben, wie wir zu leben hätten, er will bloß Fakten erläutern: »Es ist nicht die Aufgabe der positiven Psychologie, Ihnen zu sagen, dass Sie optimistisch oder gläubig oder menschenfreundlich oder humorvoll sein sollen. Ihre Aufgabe besteht vielmehr darin, die Auswirkungen dieser Eigenschaften zu beschreiben – zum Beispiel, dass Optimismus weniger Depression, bessere körperliche Gesundheit, höhere Leistungen erbringt, vielleicht auf Kosten Ihres Realismus.«

Doch welche Folgen es haben kann, wenn man sich nicht mehr bemüht, die Welt zu sehen, wie sie ist, hat die amerikanische Publizistin Barbara Ehrenreich in ihrem Buch *Bright-sided* beschrieben. Sie hat gezeigt, wie das, was Seligman positives Denken nennt, zu einem Zwang werden kann, der sich gegen den Denkenden selbst wendet. Ich habe Krebs? Ich war einfach zu negativ. Ich habe meine Stelle verloren? Meine Gedanken waren einfach nicht optimistisch genug. Man sucht den Fehler bei sich selbst, statt die äußeren Umstände mit in den Blick zu nehmen und sich zu überlegen, wo man die Dinge selbst in der Hand hat und wo sich die Welt ändern müsste. Stattdessen hegt man fromme Wünsche und hofft auf Magie: Wenn ich nur positiv genug bin, werden Liebeskummer, Rückenschmerzen oder Schulden schon verschwinden.

Barbara Ehrenreich geriet als Brustkrebspatientin selbst in die Mühle des positiven Denkens. Später hat sie sich die Studien genauer angeschaut, die angeblich beweisen sollen, dass Gesundheit vom Glück abhängt. Sie stellte erstens fest, dass fast alle Untersuchungen Korrelationen beschrieben und nicht Kausalitäten. Die Kernfrage also, ob tatsächlich das Glück die Menschen gesund mache, wie die positive Psychologie das behauptet, oder ob nicht vielmehr gesunde Menschen eher glücklich sind, diese Frage wurde von den betreffenden Forschungsberichten nicht beantwortet. Und zweitens fand Barbara Ehrenreich zahlreiche Aufsätze, die das Gegenteil nahelegten: dass nämlich eine pessimistische Gestimmtheit einen Menschen auf lange Sicht gesünder halte.

Kein Mensch würde daraus den Wunsch ableiten, in Zukunft bitte unglücklicher zu sein. Denn das Glück ist ein Versprechen an sich. Doch Glück ist zum Glück nicht das Einzige, was zählt im Leben. In den Worten des Philosophen John Stuart Mill: »Es ist besser, ein unzufriedener Mensch zu sein als ein zufriedenes Schwein; besser ein unzufriedener Sokrates als ein zufriedener Narr. Und wenn der Narr oder das Schwein anderer Ansicht sind, dann deshalb, weil sie nur die eine Seite der Angelegenheit kennen.«

LITERATUR

Zum Glück

Ehrenreich, Barbara: *Bright-sided. How the Relentless Promotion of Positive Thinking Has Undermined America.* Metropolitan Books, New York 2009.

Frey, Bruno S. und Frey Marti, Claudia: *Glück. Die Sicht der Ökonomie.* Rüegger Verlag, Zürich/Chur 2010.

Gilbert, Daniel: *Ins Glück stolpern. Suche dein Glück nicht, dann findet es dich von selbst.* Goldmann, München 2008.

Schmid, Wilhelm: *Glück. Alles, was Sie darüber wissen müssen und warum es nicht das Wichtigste im Leben ist.* Insel, Frankfurt am Main und Leipzig 2007.

Seligman, Martin E. P.: *Der Glücks-Faktor. Warum Optimisten länger leben.* Bastei Lübbe, Köln 2009.

Zu den Porträtierten

Bargeld, Blixa: *Europa kreuzweise. Eine Litanei.* Residenz Verlag, St. Pölten und Salzburg 2009.

Cazi, Emeline: *Le vrai Cohn-Bendit.* Plon, Paris 2010.

Derwahl, Freddy: *Anselm Grün. Sein Leben.* Vier-Türme-Verlag, Münsterschwarzach 2009.

Gottschlich, Jürgen: *Der Mann, der Günter Wallraff ist. Eine Biographie.* Kiepenheuer & Witsch, Köln 2007.

Neufeld, David (Hrsg.): *Erfahrungen im geistlichen Dienst.* Neufeld Verlag, Schwarzenfeld 2005.

Stamer, Sabine: *Cohn-Bendit. Die Biografie.* Europa Verlag, Hamburg/Wien 2001.

Teipel, Jürgen: *Verschwende Deine Jugend. Ein Doku-Roman über den deutschen Punk und New Wave.* Suhrkamp, Frankfurt am Main 2001.

Tsainis, Kathrin und Held, Monika: *Margarete Mitscherlich. Eine unbeugsame Frau.* Diana, München 2007.

Ungerer, Tomi: *Die Gedanken sind frei: meine Kindheit im Elsass.* Diogenes, Zürich 1993.

DANK

Ganz herzlich möchte ich mich bei den Gesprächspartnern bedanken für die Zeit und das Vertrauen, die sie mir geschenkt haben.

Danken möchte ich auch all jenen, die mir bei der Anbahnung von Kontakten und Terminen behilflich gewesen sind: Ute Bierwisch, Gaby Callenberg, Petra Eckhart, Hartmut Fischer, Heiko Gebhardt, Ruth Geiger, Barbara Higgs, Elisabeth Kreft, Cosima Möller, Anja Rauschardt, Andrea Schmid, Kirsten Vogelsang, Stephan von Arx, Maria Wichmann.

Ganz herzlichen Dank dem Verlag Kein & Aber, allen voran möchte ich mich bei meiner Lektorin Susanne von Ledebur für die sehr angenehme und kompetente Zusammenarbeit bedanken und natürlich sehr bei Peter Haag für das freundschaftliche Vertrauen.

Ich danke außerdem Anuschka, Consti, Philipp, Eva,

Stephan, Lilli, Barbara, Alexander, Franziska, Rachel, Louis, Michael, Guido, Heidi und Karin fürs Mitdenken, für Zuspruch, Begeisterung und Freundschaft. Und vor allem danke ich meinem Mann und meinen Kindern. Sie brachten auch während der Arbeit an diesem Buch sehr viel Glück in mein Leben.